Der Holzschnitzer

Stephan Wilhelm

Weihnachtliche Erzählungen
und Wintergedichte

Elke König

Federzeichnungen

Der Holzschnitzer

Stephan Wilhelm
Weihnachtliche Erzählungen, Wintergedichte

Elke König, Leipzig
Federzeichnungen

Herausgeber
Stephan Wilhelm
Odenwaldstr. 11, 64683 Einhausen

Layout & Druck
Sera.Print GmbH
Robert-Bosch-Straße 25
64683 Einhausen
www.seraprint.de

© Copyright Stephan Wilhelm, Einhausen 2015
Sämtliche Rechte vorbehalten
Nachdruck, Verwendung oder Wiedergabe der Texte und Zeichnungen in Druck, elektronischen, virtuellen und anderen Medien, auch auszugsweise oder in veränderter Form bedürfen der Genehmigung des Herausgebers.

ISBN 978-3-00-046654-0

Inhalt

Der Holzschnitzer 6
Die Fenster mit dem warmen Licht 9
Beinahe ein Weihnachtsmärchen 12
Der Räucherkerzlmann erzählt 15
Erster Schnee 17
In die Stadt 18
Der Weihnachtswunsch 20
Rückkehr 23
Keine Weihnachtsgeschichte 26
Sankt Nikolaus 28
Die Medaille 30
Christkinder 34
Schneetreiben 37
In der Weihnachtswerkstatt 38
Nachtprogramm 40
Himmlische Bigband 44
Ein Weihnachtskonzert 47
Im Atelier 51
Der griesgrämige Nussknacker 54
Weihnachtsabend 56
Das Krippenspiel 58
Julia und das Christkind 63
Der Zauberschlitten 68
Auf dem Weihnachtsberg 72

Es schneit	76
Für'n Groschen Pfefferkuchen	77
Falsch verbunden	80
Weihnacht heute	82
Auf dem Weihnachtsmarkt	86
Ohne mich	87
Vronis Weihnachtskrippe	92
Reste von Schnee	95
Ein Telegramm	96
Ein Christkind	101
Die Peremett	106
Die Weihnachtsgans	112
Weihnacht im Gebirge	116

Der Holzschnitzer

Was wäre Weihnachten ohne Erzgebirge, was wäre das Erzgebirge ohne Weihnachten? Beides um vieles ärmer. Was heute Brauchtumspflege heißt, war vor noch nicht gar zu langer Zeit Gegenwart und Notwendigkeit. Wenn es früh dunkel oder draußen zu kalt wurde, um zu arbeiten, oder wenn es oben im Erzgebirge im November schon Schnee gab, dann entstanden dort die beliebten und begehrten Holzfiguren, ohne die auch heute die Weihnachtszeit kaum vorstellbar wäre.
Wie viele andere, so rückte dann auch der Lammer-Karl den Küchentisch ans Fenster, machte die Schnitzmesser schön scharf und legte das Holz bereit. Das Jahr über sammelte er geeignetes Holz, aus dem durch seine Zauberhände Bergmänner und Engel, Krippenfiguren und Spanbäumchen, Weihnachtsmänner und vieles andere entstehen sollten. Pyramiden fertigte er nur gegen besonderen Auftrag an, und wenn er viel Zeit hatte, stellte er Engel-Kapellen her. Auf diese filigranen Meisterwerke verstand er sich besonders gut.
Wie üblich zwischen Hell- und Dunkelwerden saß er wieder einmal an seinem Tisch und schnitzte gerade einen Kurrendesänger. Da sah er draußen wieder den kleinen Jungen stehen. Er kannte ihn, es war einer vom Jäger-Albrecht. Arme Leute, fast zwei Hände voll Kinder. Lammer tat natürlich so, als hätte er den Kleinen gar nicht bemerkt, schaute nur aus den Augenwinkeln hinaus und arbeitete weiter. Flink schnitt das Messer Späne aus dem Holz und nach wenigen Handgriffen konnte man schon die Konturen einer Gestalt erkennen.
In seinem Gesicht irgend eine Regung wahrzunehmen, war fast unmöglich. Er war ein untersetzter, kräftiger Mann mit einem markanten Gesicht. Seine Gesichtszüge schienen aus dem gleichen Holz geschnitzt zu sein wie die Manneln, die er herstellte. Die Stirn war etwas geneigt und das leicht graue Haar wirkte meistens zerzaust.
Nach was guckt der denn bloß, überlegte der Lammer. Im Fenster standen fertige Figuren und eine davon musste es dem Kleinen angetan haben. Immer, wenn er an dem Haus an der Dorf-

straße vorbei kam, blieb er stehen und sah sich die Manneln an. Dabei bekam er große, leuchtende Augen, nach einer Weile biss er sich auf die Unterlippe und lief rasch weiter.

Lammer wollte es wissen. Er stellte die Figuren an einen anderen Platz und beobachtete jedes Mal genau, wo das Kind hinschaute. Als er zu wissen glaubte, welche Figur es sei, nahm er sie vom Fenster weg. Richtig! Beim nächsten Besuch guckte der kleine Junge suchend das Fenster ab, ging auch zu den anderen beiden Fenstern und lief dann sichtlich traurig wieder fort. Die dicke Bommelmütze schien ihm dabei noch tiefer über den Augen zu sitzen als sonst.

So verging die Adventszeit. Der Lammer-Karl saß am Fenster und schnitzte, ab und zu kam jemand, um etwas zu kaufen. Damit konnte er sich ein paar Groschen verdienen, besonders sonntags, wenn die Leute mit der Eisenbahn aus der Stadt kamen - mit der Bimmelbahn, wie die kleine Dampflok mit den drei Wagen hier oben genannt wurde.

Fasziniert schauten sie zu, wie unter den geschickten Händen des Meisters die großen und kleinen kunstvoll herausgearbeiteten Figuren entstanden. Das Anmalen besorgte meistens seine Frau Luzie.

Viele im Ort stellten solche Holzsachen her. Manche nur Spielzeug, andere hatten sich aus irgendwelchen Teilen eine Drechselbank gebaut und boten gedrechselte Sachen an. Die Steiger-Brüder machten sogar Glasbläserei. Aber dazu brauchte man schon wieder teure Öfen und Geräte. Glasmanufaktur hatten sie sich ans Haus geschrieben.

Der Heiligabend war gekommen, nachmittags. Während seine Frau am Ofen hantierte, verpasste Lammer einem Nachtwächter noch eine Hellebarde. Dann kehrte er die Späne zusammen und schüttete sie in den Kohlenkasten. Die meisten Stücke waren verkauft, außer denen im Fenster, an dem er schnitzte. Die waren unverkäuflich. Wenn ein Städter trotzdem noch einmal nach der einen oder anderen Figur fragte, sagte schon die unbewegliche Miene seines holzgeschnitzten Gesichtes, dass es nichts zu verhandeln gab.

Mit dem Kleinen vom Jäger-Albrecht hatte er noch ein paar Mal

das Spiel mit den Manneln gespielt. Jetzt wusste er genau, was dem Buben so gut gefiel. Und da stand er auch schon wieder und guckte mit seinen großen Augen ins Fenster, während es kräftig schneite. Der Lammer-Karl winkte mit der Hand, er möge herein kommen.
„Wie heißte denn?"
„Ich bin der Bertl", antwortete der Kleine.
„Ach ja, der Bertl biste – gefalln dir die Manneln?"
„Ja!"
„Unn was gefällt'n dir am besten?"
Der Kleine zeigte mit der Hand zum Fenster: „Das dort." Und die Augen begannen wieder zu strahlen.
„Was denn?"
„Nu dort, das graue Pferdl mit dem großen Kopp."
„Ach das", tat der Holzschnitzer überrascht, „das iss doch 'n Esel. Sag mal, willst'n Stück Stolln essen?"
Und als der Junge nickte: „Luzie, nimm 'n doch mal mit unn gib dem Bubn 'n Stück Stolln."
Als der Bertl wieder aus der Kammer kam, gab ihm der Lammer-Karl eine verschnürte Schachtel und sagte: „Die nimmste mit, unn wenn ihr Bescherung habt, dann packst 'se aus."

Die Fenster mit dem warmen Licht

So ist es denn nun doch wieder Weihnachten geworden und ich habe weder weihnachtliche Gedanken im Kopf noch weihnachtliche Stimmung im Herzen. Aber es ist Weihnachten. Eigentlich sogar ein schönes Weihnachtsfest. Mit Schnee, wie man es sich vorstellt, wie es auf vielen Weihnachtskarten zu sehen ist.
Die Abenddämmerung hat schon längst eingesetzt und später werde ich noch einen Spaziergang machen. Obwohl ich es nicht will, bringen mich meine Gedanken doch immer wieder mit Weihnachten in Verbindung. Meist sind es unangenehme. Ich sitze am Tisch, trinke Tee und schaue in die Flamme der Kerze oder in die Natur hinaus. Die Wiese hat der Schnee zugedeckt, auf den kahlen Ästen der Obstbäume liegt Schnee und die Tannen tragen einen prachtvollen Winterschmuck. Ja, es gibt wirklich viele unangenehme Erinnerungen an Weihnachten. Aus der Kinderzeit leuchten hell einige schöne hervor. Wie lange war ich Kind gewesen, naiv und sorgenlos?
Vom Futterhäuschen holen sich die Vögel noch ein paar Körner, bevor die Nacht hereinbricht. Nach einem alten Brauch erhalten die Tiere im Stall und jene, die draußen gefüttert werden, am Heiligabend noch einmal eine zusätzliche Portion Futter. Das habe ich heute auch getan. Kalt ist es wieder geworden. Hoffentlich haben sie alle ein warmes Nest, in das sie sich hineinkuscheln können. Ein warmes Nest, das brauchen wir Menschen auch. Aber das ist heute gar nicht mehr so selbstverständlich. Wie viele Menschen können keine wohlige Wärme an ihrem Körper fühlen und spüren keine menschliche Wärme im Innern. Maria und Josef hatten dem kleinen Jesus seinerzeit ein warmes Nest in der Krippe bereitet. Auch er hat es später verloren. Das ist die Frage. Verlieren wir es einfach, bekommen wir es genommen oder verlassen wir es selbst, vielleicht ohne es zu merken.
Wie schön es ist, durch die winterliche Natur zu streifen. Von einem Weg am Waldrand aus kann man über die Häuser und Dächer der kleinen Stadt hinschauen. Aus vielen Fenstern dringt Licht heraus. Mit der Hand fege ich den Schnee von einem

Baumstamm, der am Wegrand liegt, und setze mich darauf. Viele Fenster sind heute erhellt, viele mehr als an gewöhnlichen Abenden sind heute noch offen. Soll das Licht ein Zeichen dafür sein, dass hier Menschen wohnen, die an andere denken? Warum geben sie das Zeichen nicht auch an anderen Tagen? Vielleicht folgen sie nur einem Ritual und denken sich überhaupt nichts dabei. Oder sie haben in ihrer Geschäftigkeit einfach vergessen, die Fensterläden zu schließen. Dieses Fest ist für viele Leute ja der reinste Stress. Wochen vorher wird schon mit den Vorbereitungen begonnen. Da müssen Geschenkideen ausgewertet werden, die in Zeitschriften und Läden zu sehen sind, man darf kein Sonderangebot verpassen, vielleicht ist der Weihnachtsurlaub zu planen und so vieles andere mehr.
Es ist aber wirklich auffällig, wie viele Fenster heute erhellt sind. Verschiedentlich erkenne ich eine brennende Kerze, die ans Fenster gestellt wurde. Das soll gewiss ein Zeichen nach draußen sein. Was für Menschen sind das hinter den Fenstern? Was mögen sie gerade tun? Ob sie alle froh und glücklich sind? Junge und alte Menschen sind es. Vielleicht singen sie Weihnachtslieder, bescheren sich oder sie haben Streit, schleudern sich gegenseitig hässliche Worte ins Gesicht, schlagen das Kind, das eine Christbaumkugel kaputt gemacht hat, oder sie treten im Zorn nach dem Hund oder der Katze. Es sind auch Menschen dabei, die wissen, dass dies das letzte Weihnachtsfest ist, das sie erleben dürfen. Welche, die ahnen, dass dies das letzte gemeinsame Weihnachtsfest mit einem geliebten Menschen sein wird, weil sich ihre Wege von einander entfernen. Menschen, die auch in diesem Jahr die Glocken nicht läuten hören können, Menschen, die die Kerzen am Weihnachtsbaum nicht brennen sehen werden. Für einige wird es das erste Fest sein, das sie seit langer Zeit allein erleben müssen. Andere sind glücklich, weil sie dieses Weihnachtsfest zusammen mit einem geliebten Menschen erleben oder weil es das erste in Freiheit ist. Andere dagegen stehen am Rande der Verzweiflung, weil sie einem nahe stehenden Menschen in seiner Not nicht helfen können. Und es gibt bestimmt auch welche, die gerade ganz liebevoll an jemand denken. Und aus diesen Fenstern strömt Licht, warmes

Licht, das sagt: hier sind Menschen.

Irgendwo hinter einem dieser Fenster mit dem warmen Licht gibt es auch einen Menschen, der genau so denkt wie ich. Ein Mensch mit denselben Gefühlen, denselben Wünschen und denselben Träumen. Er spürt die selbe Sehnsucht wie ich, irgendwo – und aus seinem Fenster strömt warmes Licht.

Schritte nähern sich, Schnee knirscht unter den Tritten. Ich schaue weiter über die Dächer zu den Fenstern, denn ich weiß, dass du es bist. Die Schritte kommen näher, du setzt dich neben mich. Ich wusste, dass du kommen würdest und weiß, dass du bleibst. Warmes Licht strömt aus den Fenstern, strömt bis hier her und wärmt uns. Wir brauchen nicht zu sprechen, sind uns nah. Du weißt, dass ich dein Fenster mit dem warmen Licht suche, so wie ich weiß, dass du mein Fenster mit dem warmen Licht suchst. Wir haben dieselben Gedanken und dieselben Gefühle, dieselben Wünsche und Träume, spüren dieselbe Sehnsucht in uns. Und aus unseren Fenstern dringt warmes Licht nach draußen.

Die Kerze auf dem Tisch ist niedergebrannt und der Tee inzwischen kalt geworden. Draußen ist es längst finster, nur schwaches Mondlicht auf dem Schnee. Während ich eine neue Kerze anzünde nehme ich mir vor, nun doch nicht mehr spazieren zu gehen. Ich könnte ja nach der Christmette noch einen kleinen Umweg machen. Die Kerze stelle ich jetzt ans Fenster.

Beinahe ein Weihnachtsmärchen

Irgendwie muss ich über den Winter kommen. Martin ist kaum noch eines anderen Gedankens fähig. Der Dezember ist schon kalt genug und dann fängt der Winter ja erst richtig an und dann kommt da auch noch Weihnachten und der Jahreswechsel. Das werden schwere Wochen sein. Ihm fallen viele Tiere ein, die er jetzt gerne sein möchte – Igel schlafen ein halbes Jahr lang, Siebenschläfer und Murmeltiere noch länger, Bären halten auch Winterschlaf, jedenfalls brauchen sie in dieser Zeit nichts zu essen und liegen in einem trockenen, warmen Versteck.
Aber einfach nur einigeln will Martin sich auch nicht, er will selbst etwas dafür tun, damit er einigermaßen über die Runden kommt. Deshalb läuft er jetzt auch wieder durch die Altstadt und zieht einen alten Bollerwagen hinter sich her. Er will es versuchen, für Verzweiflung würde immer noch Zeit sein.
Noch kein halbes Jahr ist es her, dass Martin, ein Mittfünfziger, in diese Notlage geraten ist. Seine Firma war zugemacht worden, und während er wieder einmal vergebens unterwegs war, um Arbeit in seinem Beruf als Dachdecker zu finden, hatte bei einem Gewitter der Blitz in sein Haus eingeschlagen. Das alte Holz brannte wie Zunder, nichts blieb übrig, nichts hat er mehr, keine Arbeit, kein Dach über dem Kopf, kein Geld, nichts zu essen. Verwandte oder Kinder hat Martin nicht, die ihn aufnehmen könnten.
Ein Freund hat ihm seine Gartenlaube überlassen. Dort wohnt Martin jetzt und da hat er auch das alte Schifferklavier gefunden, als er für den Freund die Gartengeräte reparierte und aufräumte. Früher hatte er einmal ein eigenes Akkordeon, aber das ist schon sehr lange her und sehr lange ist es auch her, dass er darauf gespielt hat. Doch das Schifferklavier ist in Ordnung und er findet sich schnell wieder zurecht damit. Nur haben die Nachbarn in den umliegenden Gärten doch ein bisschen verwundert geschaut, als er schon im Spätsommer Weihnachtslieder übte. Dann hat ihm aber einer von ihnen den alten Handwagen geschenkt.
Und den zieht Martin jetzt hinter sich her durch die Altstadt. Im

Handwagen steht der Kasten mit der Ziehharmonika und ein Brett, auf das er sich beim Spielen setzen will. Es ist der Samstag vor dem vierten Advent und viele Menschen, junge, alte, große, kleine, laufen durch die Straßen, geschäftig, bepackt mit Taschen und Kartons. Einige haben es nicht so eilig, betrachten die Schaufenster und die anderen Leute.

Martin hat einen Platz gefunden, wo es nicht so sehr zieht, aber trotzdem viele Passanten vorbeikommen. Er packt das Schifferklavier aus, setzt sich auf das Brett über dem Bollerwagen und beginnt zu spielen. Weihnachtslieder, die alten bekannten Weisen, aber er spielt sie auf seine Art, improvisiert auch ein bisschen. Manche Leute bleiben einen Moment lang stehen, um zuzuhören, manche nicken ihm zu und legen etwas in sein Körbchen. Das sind meistens ältere Menschen. Am ehesten haben die Leute ein Geldstück für Martin übrig, wenn sich ihre und seine Blicke treffen, aber viele schauen gar nicht erst zu ihm hin.

"Opa, der Mann hat deine Jacke an", ruft ein Kind auf der anderen Seite des Platzes. Der ältere Herr schaut Martin an und lächelt freundlich, dann gibt er dem Enkel etwas für Martins Körbchen in die Hand. Martin nickt dem Mann dankend zu. Er hat die warme Winterjacke in der Kleiderkammer bekommen.

Nach einiger Zeit, Martin hat sein Repertoire an Weihnachtsliedern schon zweimal durchgespielt und ein Hund wollte sogar sein Körbchen mit den Münzen forttragen, da steht plötzlich ein Mädchen oder eine junge Frau, ihr Alter ist schwer zu schätzen, neben Martin und singt zu seinen Liedern, singt einfach mit. Sie schaut Martin mit den strahlendsten Augen an, die er je gesehen hat. Martin holt alles aus dem Schifferklavier heraus, sogar Melodien, die er noch nicht sicher beherrschte, spielt er mit einer Leichtigkeit, dass er selbst darüber staunen muss. Und das Mädchen singt dazu mit seiner kristallklaren, aber vollen und kräftigen Stimme. Viele Menschen stehen jetzt vor den beiden, um ihnen zuzuhören, einige applaudieren sogar. Erinnerungen steigen auf, an die Zeit als er früher bei Vereinsfesten oder bei größeren Familienfeiern mit seinem Akkordeon spielte. Da hatte er ein richtiges Publikum vor sich.

In seine Erinnerung versunken spielt Martin immer weiter, spielt die schönsten Melodien, die er kennt, und sieht die alten Bilder vor dem inneren Auge. Er sieht, wie schwungvoll die Paare zu seinen Liedern tanzen. Dabei vergisst er Zeit und Raum, merkt gar nicht mehr, wo er spielt und merkt auch nicht, dass nur er noch spielt, dass die junge Frau mit den blonden Locken und den strahlenden Augen gar nicht mehr mitsingt. Martin hört immer noch den Klang ihrer schönen Stimme im Ohr, aber die Sängerin ist schon längst nicht mehr da. Genauso unbemerkt, wie sie zu ihm getreten ist, ist sie auch wieder gegangen.
Es dämmert schon und kleine Schneeflocken schweben durch das Licht der Laternen, als Martin das Instrument wieder im Kasten verstaut und in den Handwagen setzt. Dann hebt er sein Körbchen von der Straße auf und wundert sich, dass es so schwer ist, freut sich aber sehr darüber. Martin hält das Körbchen in beiden Händen und schaut lange hinein, schließlich sagt er langsam und ganz leise: "Danke, Engel." Denn alle Münzen sind zu glänzenden Goldstücken geworden.

Der Räucherkerzlmann erzählt

Gestatten, Waldemar Krummholz, von Beruf Förster, wie der Name schon sagt. Seit meiner Pensionierung haben sie mich zum Räucherkerzlmann degradiert, unverdienterweise. Mein Lebtag lang habe ich nicht geraucht, habe immer die frische, würzige Waldluft genossen. Nichts ist doch schöner, als nach einem Regen in den Wald zu gehen und den Duft von feuchter Walderde, Farnen und Kräutern und harzigem Holz einzuatmen. Die Pension ist eh schon kaum der Rede wert und die gönnen sie einem auch nicht.

Ja, jetzt ist es nun wieder so weit. Am 1. Advent werden wir alle zusammen aus der Kiste geholt, in die Stube gestellt und dann geht's los. Mein Kumpel, der alte Erzgebirger, muss dann Nüsse knacken und kriegt noch nicht mal eine für sich. Der stolze Bergmann und die Lichterdame müssen die ganze Zeit über steif dastehen und Kerzen in den Händen halten. Dabei würden sie auch lieber zum Tanz unter den Christbaum gehen, wo die Engelkapelle spielt. Und ich armer Teufel muss rauchen. Ich will aber nicht rauchen! Kaum haben sie mich hin gestellt, stecken sie mir auch schon so ein Räucherkerzchen an. Wenn sie mir gut wollen, nehmen sie eins mit Weihrauchduft, das geht noch. Aber von dem anderen stinkenden Zeug bleibt einem die Luft weg. Den ganzen Sommer habe ich dann zu tun, bis meine Bronchien wieder frei sind.

Wenigstens bin ich froh, dass ich nicht mit auf der Pyramide stehen muss. Stundenlang müssen die sich dort im Kreis drehen. Kein Wunder, dass ab und zu mal einer runter fällt, weil ihm schwindlig und hundeelend geworden ist. Die Leute kennen da aber kein Erbarmen. So ganz zynisch singen sie dann noch fromme Lieder dazu - Weihnachtslieder!

Von meinem Platz aus kann ich die ganze Stube überblicken, da krieg ich alles mit. Und was es da manchmal zu sehen gibt ...

Also gut finde ich ja, dass sie mir meine schöne Uniform gelassen haben. Aber dafür muss ich nun immer eine Flinte mit mir herum schleppen. Was für ein Unsinn, wofür braucht ein Förster denn eine Flinte! Da müssen wohl so ein paar alte Klischeevorstellungen gepflegt werden. Früher, als es noch Wölfe und Bären in den Wäldern gab, war das vielleicht angebracht. Aber bis da einer seine Flinte gestopft hatte, war er doch schon lange aufgefressen worden. Heute könnte man sie brauchen, wenn man einen erwischt, der seinen Müll heimlich im Wald abladen will. Hätten sie mir lieber meinen Waldi gelassen, diese treue Seele. Ein Förster braucht keine Flinte, er braucht seinen Dackel Waldi! Da hat doch einmal einem Kollegen sein Hund den Herrn Bürgermeister in den Hintern gepetzt – das hat vielleicht Ärger gegeben. Naja, war ja auch kein Dackel.

Ja, stellt euch mal vor, neulich erzählt doch der Hausherr seinem Besuch ganz stolz, dass es an Weihnachten drei Jahre werden, dass er zu rauchen aufgehört hat. Mir steckt er dabei ein Räucherkerzchen an. Also beim Pelz des alten Waldbären, da ist mir die Luft weg geblieben, da hab ich gestreikt.

Ein wenig Genugtuung empfinde ich, wenn ich sehe, wie die jungen Leute heimlich rauchen. Die Alten wollen das ja nicht. Die tun heute so, als hätten sie noch nie geraucht. Die Jungen werden schon selber merken, dass die Qualmerei nichts bringt, dass sie davon auch nicht erwachsener werden. Die hören schon von selbst wieder damit auf, die sind ja nicht dumm.

Jetzt duftet es schon wieder nach leckerem Weihnachtsgebäck. Hmm, riecht das gut, da würde ich auch gerne mal zugreifen, davon bekommt unsereins natürlich nichts. Das essen sie alles selbst. Hahaha, dass die Katze heimlich davon nascht, haben sie auch noch nicht gemerkt. Ich verrate aber nichts. Ah, es ist so weit, sie bringen den Christbaum, die heiße Phase beginnt. Ihr solltet mal hören, was da los ist, wenn der Baum nicht in den Ständer passt, wenn eine Kugel runter fällt und zerspringt oder sie kriegen die Glasspitze nicht drauf, wenn das Lametta nicht reicht und es sind keine Kerzen mehr da – ah, da geht's rund! Dann ist es erst mal vorbei mit der Weihnachtsstimmung, nichts mehr von wegen Frieden auf Erden. Jeder ist an irgend etwas schuld und keiner wars. Inzwischen verbrutzelt der Weihnachtsbraten und die Geschenke sind auch noch nicht eingepackt. Also ich bin dann froh, wenn endlich Silvester ist. Erstens geht's dann lustiger zu und zweitens ist dann bald alles vorbei. Das ist die Zeit, in der sie alle am Wetter rumnörgeln.

So, die Stimmung sinkt schon dem Nullpunkt entgegen. Ich zieh mich jetzt mal lieber zurück. Waidmannsheil zusammen und – frohe Weihnachten!

Erster Schnee

In der Nacht,
ganz leise, nichts gehört,
wie auf Samtpfoten
bist du gekommen,
so weiß, so schön und so weich,
hast alles zugedeckt,
ganz sachte,
die Wiese, Bäume, Büsche und Stauden,
der Jasmin schimmert noch zart.

Deinen Bruder
hast du mitgebracht,
der lässt den Teich erstarren,
das Schilfrohr steht still,
jetzt
dauert es gar nicht mehr lange
bis die Christrosen blühn.

In die Stadt

Der Zug fuhr ein und hielt mit lauten Bremsgeräuschen an. Aus dem Schatten des Automatenständers löste sich eine Gestalt, blickte kurz nach rechts und links und stieg schnell ein. Selbst wenn noch andere Fahrgäste auf dem Bahnsteig gewesen wären, hätte unter der Kapuze des Anoraks niemand das Gesicht erkennen können. Es war einer der wenigen Züge, die am 24. Dezember fahren, und an diesem Abend war er fast leer. Eine halbe Stunde später hielt die Bahn in der Stadt. Vor dem Bahnhofsgebäude blickte sich das Mädchen wieder um und lief dann in Richtung Zentrum fort.
Schneeflocken tanzten im Schein der Lichterketten, Schaufenster waren erhellt, Menschen waren mehr oder weniger eilig unterwegs. Das Mädchen lief an den Fenstern vorbei, achtete nicht auf die Leute, wäre an einer Ecke beinahe mit einem großen Hund zusammengestoßen, lief, immer weiter. Restaurants und Lokale hatten längst geschlossen. Aus einigen Kneipen drang Musik und Stimmengewirr auf die Straße heraus. Meist war es ausländische Musik, vereinzelt auch deutsche. Sie betrat die Vorhalle einer Diskothek. Der Eintrittspreis, der an diesem Abend verlangt wurde, war ihr zu teuer. Warm war es dort wenigstens. Sie betrachtete die Poster an den Wänden und ging nach einer Weile wieder auf die Straße hinaus.
Der Wind wehte ihr jetzt kalt den Schnee ins Gesicht. Das Mädchen lief, lief, immer weiter. Erst als sie in eine weniger belebte Wohngegend kam, verlangsamte sie ihre Schritte etwas. Ab und zu schaute sie zu einem Straßenschild oder einem der erleuchteten Fenster hin. Die Gegend war ihr fremd. Von irgendwo her drang Glockengeläut, helle kleine Glocken wie von einer Vorstadtkirche. Mehrere Straßen weiter stand diese Kirche. Leute kamen aus allen Richtungen in Feiertagsgewändern gelaufen und gingen hinein. Das Mädchen auch. Sie verließ die Kirche aber wieder und lief rasch fort, nachdem sie die Menschen, Familien, einzelne, ältere, jüngere oder Paare, eine Weile beobachtet hatte.
In einer Straße in der Nähe des Stadtzentrums trug der Wind

den Geruch von Essen mit sich her. Irgendwo in einer Nische eines großen Geschäftshauses stand ein Imbisswagen. Das Mädchen blieb vor dem Schaufenster einer Modeboutique stehen. Im Spiegel der Glasscheibe beobachtete sie den Wagen gegenüber. Eine mobile Küche der Heilsarmee. Nach einer Weile ging sie weiter. Als sie einmal zurück blickte, sah sie, wie zwei Männer ein Gefäß mit Essen aus dem Wagen gereicht bekamen. An der zweiten Straßenecke ging sie auf die andere Seite und lief langsam zurück. Unschlüssig blieb das Mädchen in einigem Abstand vor der mobilen Küche stehen. Sie schaute hinein, als suche sie nach etwas. "'n Abend." Das Mädchen erschrak, als sie angesprochen wurde. Außer ihr stand niemand vor dem Wagen. Der Mann, der hinter der Theke auf einem Stuhl saß und den sie erst jetzt bemerkte, konnte nur sie gemeint haben. "Guten Abend." Irgendwo hatte kurz vorher eine Uhr Elf geschlagen. "Hast du Hunger?" Sie nickte. "Was kostet das denn?" "Zwei Mark – wenn du hast." Das Mädchen zog eine Hand aus der Tasche ihres Anoraks und gab dem Mann ein Geldstück. Der stand auf und schöpfte aus einem Kessel heißen Eintopf in eine Schüssel. Für zwei Frauen und einen älteren Mann auch gleich, die inzwischen gekommen waren. Die drei redeten laut mit einander. "Biste abgehauen?" sprach eine der Frauen das Mädchen an, "wo kommste denn her?" Sie nannte den Namen ihres Dorfes und stellte die leere Schüssel auf den Tresen. Ihr Gesicht hatte wieder Farbe bekommen. "Ihr habt Glück", sagte der Mann von der Heilsarmee, "der Topf ist bald leer, da ist nicht mehr so viel Brühe drin. Sag mal", wandte er sich an das Mädchen, "kannst du Kartoffeln schälen?" "Ja." "weißt du eigentlich, wo du hin willst heute Nacht?" "Nein." Sie schüttelte den Kopf. "Dann komm mal rein, wir müssen frische Suppe kochen."
Bereitwillig folgte das Mädchen der Aufforderung. Sie nahm die Geräte, die ihr der Mann gab, und streifte die Ärmel hoch. An ihren Unterarmen wurden dabei große dunkle Blutergüsse sichtbar. "Was hast du denn da?" fragte der Mann. "Nichts." Sie warf die Sachen hin und lief fort.

19

Der Weihnachtswunsch

Endlich! Irene blickte erleichtert aus dem Fenster des Speditionskontors und sah die schwere Zugmaschine mit dem Tieflader über den Werkshof rollen. Der Flieger, wie Harry wegen seiner Ohren genannt wurde, war damit vor drei Tagen nach Hamburg gestartet. Eine riesige Kurbelwelle für eine Werft war seine Ladung. Beim Ausfüllen des Frachtbriefes war Irene gleich wieder ins Träumen geraten. Solch große Schiffe und das endlos weite Meer hatte sie noch nie gesehen. Sie sparte aber schon seit langer Zeit für einen Urlaub an der See. Die Erfüllung dieses Wunsches schien dadurch, dass sie ab Januar fünf Mark mehr Lohn in der Woche erhalten sollte, ein großes Stück näher gerückt zu sein. Die Hälfte davon hatte Irene sofort für die Urlaubskasse bestimmt. Es würde der erste Urlaub überhaupt für sie und ihren kleinen Felix sein.

Harry war im Laufe der Zeit ein Vertrauter und Berater für Irene geworden. Oft schon hatte er Rat und Hilfe für sie gewusst. Durch seine unkomplizierte Art fand er immer schnell eine Lösung, wenn andere noch in Problemen wühlten. Er war immer sehr nett und freundlich zu ihr, zuvorkommend und hilfsbereit.

Erwartungsvoll schaute Irene den Mann an, während er schmunzelnd den sorgsam zusammengefalteten Brief las. "Mein Wunschzettel - Lieber Weihnachtsmann! Ich wünsche mir so sehr ... Wenn du mir davon etwas schenken würdest, verspreche ich dir, auch im nächsten Jahr wieder ganz brav zu sein. - Dein Felix".

Tante Hedwig hatte den Brief an den Weihnachtsmann für den fünfjährigen Buben geschrieben. Eigentlich waren sie überhaupt nicht verwandt mit einander, auch nicht mit der Oma Ellie. Die beiden schon etwas älteren Damen hatten die junge Frau mit dem Kind bei sich aufgenommen, weil die Eltern, richtigen Tanten, Oma und Opa sie aus der Familie verbannt hatten. Und sie kümmerten sich wirklich fürsorglich um die zwei Verstoßenen. Für Tante Hedwig und Oma Ellie war der kleine Felix keine Schande, sondern einfach ein aufgeweckter kleiner Junge, der ihnen viel Freude bereitete.

Eine Mütze mit großem Bommel, ein Paar Handschuhe, eine kleine Eisenbahn, einen Schlitten und - beim letzten Wunsch machte selbst Harry ein nachdenkliches Gesicht - einen Papa, wie die anderen Kinder auch in der Straße. Ganz unten stand dann noch, dass der Weihnachtsmann unbedingt auf ihn warten soll, falls er gerade bei der Tante und der Oma wäre. Nach kurzer Überlegung schaute Harry die unglückliche Mutter, die nicht wusste, was sie tun sollte, lachend an und sagte: "Er kriegt seine Bescherung - mit Weihnachtsmann und allem Drum und Dran."

Der junge Mann kannte den munteren kleinen Felix schon lange. Hin und wieder kam er in das Haus der beiden Damen, um etwas instand zu setzen oder zu erledigen. Auch für den Jungen hatte er schon Spielzeug repariert oder war mit ihm im Garten herumgetollt.

Dann war es so weit, der Heiligabend und die geheimnisvolle Stunde der Bescherung waren endlich gekommen. Die Nacht brach eben an, als jemand laut polternd die steile Holztreppe zu der kleinen Dachwohnung hinauf stieg und hart gegen die Tür pochte. Der sonst eher vorwitzige Junge erschrak ganz schön und stellte sich lieber hinter seine Mama, als er den großen Mann mit dem langen weißen Bart, dem roten Mantel und der Mütze, dem großen Sack und der ehrfurchtgebietenden Rute erblickte. "Wohnt hier ein gewisser Herr Felix?" fragte der Weihnachtsmann mit seiner tiefen Bassstimme. In der kleinen Stube brannten schon die Lichter am Christbaum und es duftete angenehm nach Räucherkerzchen.

Die Frage, ob er auch immer brav gewesen sei, beantwortete der Felix tapfer mit Ja. "Na, da wollen wir mal nachschauen", sagte der Weihnachtsmann und zog ein dickes Buch aus der Tasche. Das machte den Kleinen nun doch ein bisschen verlegen. Neben einigen guten Taten, zum Beispiel, dass er der Mutter beim Aufwaschen hilft, seine Sachen immer aufräumt, waren da nämlich auch einige schlechte eingetragen. Die kaputte Fensterscheibe oder die umgeknickten Blumen im Garten. Aber da konnte er ja eigentlich gar nichts dafür, das war eben so passiert. Trotzdem sollte er dem Weihnachtsmann dafür ein Gedicht aufsagen oder ein Lied singen. Das war natürlich das Stichwort. Sofort stellte sich der Felix auf und sagte sein Sprüchlein an. Er hatte es den ganzen Tag über schon seiner Mutter vorgesagt. Es musste ja ohne stecken zu bleiben klappen, was ihm auch gelang. Der Weihnachtsmann war zufrieden, lobte ihn dafür und packte seinen großen Sack aus. Was da alles zum Vorschein kam! Der kleine Felix strahlte vor Freude übers ganze Gesicht. Eine hölzerne Eisenbahn, Handschuhe, eine Mütze, ein Malbuch mit Buntstiften, eine liebevoll verpackte Schachtel für Mutter Irene und zum Schluss, der Bub traute seinen Augen kaum noch, stand sogar ein Schlitten in der Stube. Der kleine Felix strahlte, vor lauter Aufregung wusste er gar nicht, was er zuerst in die Hand nehmen sollte. So reich war er ja noch nie beschenkt worden. Er war ganz außer sich vor Freude, und in den großen glänzenden Augen des Kindes spiegelten sich die Kerzen des Christbaumes vielfach wider. Der überglückliche Felix bedankte sich ganz artig beim Weihnachtsmann und sagte: "Jetzt hast du aber für die anderen Kinder nichts mehr." "Doch, die bekommen auch noch was," beruhigte der den Jungen, "aber sag doch mal, auf deinem Wunschzettel steht geschrieben, dass du dir einen Papa wünschst. Stimmt das wirklich?" - Der Kleine schaute unsicher zu seiner Mama auf. Eigentlich brauchte er ja gar keinen, die anderen Kinder hatten aber doch alle einen. Zögernd nickte er schließlich mit dem Kopf. "Wie sollte er denn sein?" - Der kleine Felix hielt sich zaghaft an seiner Mutter fest, sagte dann aber ganz bestimmt: "So wie Onkel Harry!" Plötzlich fiel es dem Weihnachtsmann sehr schwer, noch weiter seine Rolle zu spielen. "Naja," brummte er, "da muss ich erst einmal mit deiner Mutti drüber reden. "So ein

Papa ist nämlich gar nicht so einfach zu besorgen. Vielleicht klappt es im nächsten Jahr."
Dabei zwinkerte er unter den dichten aufgeklebten Brauen hervor der Mutter des Jungen zu und lächelte verschmitzt. Auch die junge Frau hatte jetzt glänzende Augen bekommen und die vor Aufregung geröteten Wangen standen ihr gut. Auch Irene erlebte an diesem Weihnachtsfest die schönste Bescherung seit ihrer Kindheit. Sie fühlte, dass bald ein heimlicher Wunsch ihres Herzens in Erfüllung gehen wird.

Rückkehr

Ein alter Mann sitzt im Zug am Fenster und schaut hinaus in die verschneite Landschaft, die langsam vorbei zieht. Leicht nach vorn gebeugt beobachtet er aufmerksam, als müsse er einen bestimmten, kaum auszumachenden Punkt erkennen. Seine Augen huschen unruhig umher. Manchmal bleibt der Blick an irgend etwas hängen, gleich neben den Gleisen oder weiter entfernt. Dann schaut er wieder voraus, als suche oder erwarte er etwas. Ein anderes Mal erhellt ein Lächeln freudigen Erkennens das Gesicht des alten Mannes. Es zeigt Enttäuschung, wenn er das Gesuchte nicht findet. Die wachen, offenen Augen schauen nach Bäumen, Häusern, folgen den Biegungen des Flusses oder den Zügen der Berge auf der anderen Seite des Tales.
Während sich die Bahn gemächlich durch die Kurven schlängelt, bleibt ihm genug Zeit, das Gesehene in sich aufzunehmen. Die Konzentration des Mannes ist voll und ganz auf das Land vor dem Fenster gerichtet. Er bemerkt kaum die Menschen, die sich mit ihm im Zug befinden. Auch nicht die junge Frau, die ihm gegenüber sitzt. Interessiert betrachtet sie den alten Mann. Seine derbe, gebräunte Haut, die bis in den Nacken fallenden weißen Haare, den ebenso üppigen wie struppigen Bart, die kräftige Nase und die leicht geneigte Stirn. Unter den buschigen Brauen blicken klare, helle Augen hervor. Die Linien um

die Augen herum verraten den Witz und Humor, der in diesem Gesicht wohnt. Große, kraftvolle Hände ruhen auf den Oberschenkeln. Man sieht ihnen an, dass sie auch heute noch fest zupacken können. Die Haltung der Hände verrät Spannung, Unruhe. Der Mann sitzt in einer Haltung, als könnte er jeden Moment aufspringen, mit dem ausgestreckten Zeigefinger an die Scheibe klopfen und rufen: Da, da, da ist es!
Vor den Augen des Mannes zieht das weiße, verschneite Land vorbei, doch mit den Augen der Erinnerung sieht er sie anders. Die selbe Landschaft vor mehr als fünfzig Jahren. Sommer, wogende Felder und Wiesen, sattes Grün der Wälder, der Weg am Fluss, die alte Brücke mit dem Wehr, einzelne Gehöfte. Da ist das Dorf, der Dorfplatz mit der Kirche und den großen Linden, das Schulhaus, der Bahnhof und die Schmiede am Fluss. Immer wieder der Fluss.
Wenn er die Augen schließt, zieht die Landschaft in entgegen gesetzter Richtung an ihm vorüber. Genau so hatte er sie damals zum letzten Mal gesehen. Eine kleine Dampflok zog stampfend drei Wagen hinter sich her und in einem saß ein junger Mann, gespannt, voller Erwartung. Der junge Mann beobachtete sehr aufmerksam, wollte sich jede Einzelheit genau einprägen. Über ihm im Gepäcknetz lag der selbe kleine graue Koffer wie heute. Damals, als er in eine fremde, ungewisse Zukunft fuhr, hatte er sich vorgenommen, irgend wann noch einmal hier her zurück zu kommen. Vielleicht würde er dann das Geld für die Reise selbst haben oder er würde noch einmal einen Pfarrer Christoph finden, der es ihm liehe. Pfarrer Christoph war in dieser Welt der einzige Mensch gewesen, der Verständnis und Vertrauen zu ihm gehabt hatte. Er hatte auch Verständnis für seinen Entschluss, in die neue Welt zu gehen, und ihm das fehlende Geld und den Koffer gegeben. Dabei hatte er gesagt: Auf der Reise, die ich noch antreten werde, brauche ich weder Koffer noch Geld. Zuversicht und Mut hatte dem Jungen auch gegeben, dass der alte Mann für ihn beten wollte. Für ihn, den alle nur einen Taugenichts, einen Schwächling und einen Dummkopf nannten, für den sie nur Spott, Hohn und Verachtung übrig hatten. Daran hatte sich auch nichts geändert, nachdem er den

Gesellenbrief als Sattler besaß. Weder in der Familie noch von anderen wurde er anerkannt.

Nur von Pfarrer Christoph hatte der Junge Abschied genommen an jenem frischen hellen Sommermorgen. Ihn wollte er nun als ersten und einzigen besuchen. Er war sich sicher, dass ihn im Dorf nach all den Jahren niemand erkennen würde. In aller Ruhe würde er sich überall umschauen können.

Beim Verlassen des Bahnhofsgebäudes bleibt der weißhaarige Mann stehen und schließt die Augen. Die Dorfstraße sieht jetzt so aus wie früher. Ja, da ist sie. Vor der Abreise hatte er auch zurück geschaut und sie zufällig noch einmal über die Straße laufen sehen. Das Mädchen mit dem langen Zopf hatte er über alles geliebt. Doch niemals hatte er je gewagt, sie anzusprechen. Nur ein einziges Mal hatten sich für Sekunden ihre Blicke getroffen. Ein einziges Mal. Sie hatte immer so traurige dunkle Augen. Das Mädchen gehörte nicht zu denen, die sich über ihn lustig machten. Sie war seine große, heimliche Liebe geblieben.

Andächtig und voller Dankbarkeit steht der alte Mann nun am Grab seines Freundes und geistigen Vaters wie vor dem Monument eines Heiligen. Er betet stumm, sieht den freundlichen alten Pfarrer vor sich und hört seine Stimme. Das Gebet wird zum Gespräch. Er dankt für die Gebete um das Glück des Jungen und erzählt wie sie erfüllt worden sind. Mehr als erfüllt. Der Junge und der Pfarrer hatten nie Briefe gewechselt. Trotzdem wusste er den guten Christoph stets an seiner Seite.

Er erzählt, wie er in der neuen, fremden und unwirtlichen Welt mit dem rauhen Malmquist zusammentraf, der ihm die entscheidende Chance gab. Ohne es vielleicht zu wollen, verschweigt der alte Mann jedoch, dass er in den vielen Jahren, in denen er zufrieden und glücklich sein durfte, auch die Chance erhalten hatte, das selbst erfahrene Vertrauen wiederum an andere weiterzugeben.

In der Christmette sitzt der alte Mann gedankenversunken in einer Ecke. Er schaut sich um, betrachtet neugierig die Menschen um sich herum, besonders die jungen. Ob von denen vielleicht jemand den kleinen grauen Koffer brauchen könnte? Vorn am Altar sieht er wie früher seinen alten Pfarrer Christoph stehen, hört ihn sprechen und singen. Plötzlich schreckt er aus seiner Betrachtung hoch. Ihm ist, als habe er das Lied von Pfarrer Christoph mitgesungen, während der wirkliche Pfarrer da vorn predigt. Verstört blickt er um sich, schaut eine neben ihm sitzende Frau an und blickt in zwei dunkle, etwas traurige Augen.

Keine Weihnachtsgeschichte

Irgendwie war ja alles voraussehbar gewesen. Ein Jahr lang hatte ich Zeit gehabt, mir eine Weihnachtsgeschichte auszudenken oder etwas Erlebtes aufzuschreiben. Aber drei Tage vor dem letztmöglichen Abgabetermin setze ich mich hin und nichts fällt mir ein. Der Verleger sieht die widrigen Umstände, die dazu geführt haben, natürlich nicht ein und ich kann Eddie nur noch sagen, dass die Telefonkarte jetzt leer ist. Der Continentexpress rast durch eine immer weißer und flacher werdende Landschaft. Hätte die Feiertage gerne bei Birrit verbracht, wären bestimmt

schön geworden, an einem verschneiten, vereisten Strand. Dass ich sie nicht antreffen würde, war eigentlich auch irgendwie voraussehbar gewesen. Also Flughafen, noch weiter Richtung Norden. Der letzte Aufruf für Helsinki blinkt gerade. Ich glotze auf die Tafel. Aus Hel sin ki versucht mein Hirn etwas zu machen, die Anzeige erlischt, dann eben nicht.
Svend, der alte Wikinger, freut sich natürlich, erkundigt sich aber eingehend, warum ich plötzlich bei ihm auftauche. Ja, gewiss bleibe ich über die Feiertage. Nein, seine Hütte im Wald am See würde ich gerne haben. Alles eingeschneit - genau richtig. Ein paar Sachen in einen Sack gesteckt und der immer noch etwas misstrauische Schwede rattert mit mir auf dem Motorschlitten zur Hütte. Alles da, alles klar, frohe Weihnacht.
Das Motorengeknatter des Schlittens ist verstummt. Stille, endlos weite Stille - Ruhe.
Besonders hell wird es hier nicht mehr, ist aber alles weiß. Der See ist zugefroren. Kein Christbaum, keine Zeitung, kein Radio. Dafür ist genügend Holz da und ein Paar Skier auch. Und Stille, Ruhe. Manchmal pfeift der Wind um die Hütte, eine sternenklare Nacht, kleine Wanderungen auf den Skiern. Der tief verschneite Wald und der vereiste Wasserfall in der Nähe sind eine Pracht, einfach Natur. Vögel und ein paar Elche sind die einzigen Lebewesen weit und breit. Stammt diese Fährte von einem Luchs? Wie ist das eigentlich mit den Bären? Hier gibt es noch welche. Halten die nun Winterschlaf oder nicht? Eine Idylle wie im Bilderbuch. Den Fotoapparat hätte ich ... nein!
Die Schreibblöcke sind gut, die ich mitgebracht habe. Die Gedanken fliegen nur so auf das Papier, nach einer ausgedehnten Skiwanderung in der warmen Stube. Das

Holz kracht und lodert dabei im offenen Ofen. Diese Geschichte wird mir wahrscheinlich sowieso niemand glauben. Moment mal, wie viele Tage sind das denn jetzt eigentlich - ja, heute ist Weihnachten.

Sankt Nikolaus

Ja, ich bin nun schon einige hundert Jahre alt, eigentlich wird es langsam Zeit, dass ich mich nach einem Nachfolger umschaue. Könnte mich doch aufs Altenteil zurückziehen – ja, das wäre schön.
Ein neuer, zeitgemäßer Nikolaus sollte meinen Platz einnehmen. So richtig glauben die Leute doch sowieso nicht mehr an mich. Auch nicht die Kinder, für die ich doch eigentlich da bin und mit denen einmal alles angefangen hat. Und dass ich als Erzieher benutzt werde, gefällt mir überhaupt nicht. Aber so geht es einem, wenn man sich nicht dagegen wehren kann. Wenn die Leute sich selbst nicht mehr zu helfen wissen, kriegt man einfach eine Rute verpasst und soll den Kindern Angst einjagen. Nein, das mach ich nicht mehr mit.
Gut, dass ich noch den Stapel alter Zeitungen habe, da steht bestimmt jemand drin, der mein Nachfolger werden könnte. Der vielleicht: „... bekannt wurde, hat ein Unternehmer Jahr für Jahr fünfzehn Prozent seines Gewinns wohltätigen Einrichtungen gegeben." Oder hier, noch einer: „... dem Geld aus dem Verkauf seiner Firmen eine Stiftung gegründet, die benachteiligte junge Menschen fördern soll." Neulich war doch irgendwo etwas gestanden über einen Club, dessen Mitglieder sich als Löwen bezeichnen und auch irgendwelche gemeinnützige Sachen unterstützen.
Hier steht etwas über Leute, die für den Erhalt der Meere kämpfen – oh ja, das ist dringend nötig. Um die Fische, Vögel, Robben, den Meeresboden und das Wasser überhaupt, sieht es ja ziemlich schlecht aus. Ist ja schön, dass die Leute dafür kämp-

fen, aber so viele können doch nicht gleich mein Nachfolger werden. Warum eigentlich nicht! Millionen Nachbildungen und Nachahmer werden jedes Jahr von mir hergestellt – mehr oder weniger gut gelungen. Nein, geht doch nicht. Die werden jeden Tag gebraucht, nicht nur an einem Tag im Jahr. Genau wie diese Frau: „Sie hat einen richtigen Spürsinn für alte einsame Menschen und zeigt ihnen neue Wege." Hmm, das geht auch nicht nur an einem Tag.

Oder das? „Jugendliche und Kinder haben sich zur Aufgabe gemacht, jeden Tag ein gutes Werk zu tun." Tolle Idee, hoffentlich wissen sie auch immer, was wirklich gut ist. Eins fällt mir auf bei alledem. Irgendwie sind die meisten guten Taten doch ziemlich oft mit Geld verbunden. Naja gut, bei mir hat es ja auch so angefangen. Aber damals gab es viele Menschen, die wirklich nichts hatten und auch nicht irgendwo hingehen konnten, um Hilfe zu bekommen.

In den Zeitungen steht ja längst nicht alles drin. Wenn ich jetzt die Schere nehme und alle schlimmen und schrecklichen Nachrichten und alle einfach überflüssigen rausschneide, muss ich aufpassen, dass ich mir nicht in die Finger oder in den Bart schneide. Da bleibt nämlich nicht viel übrig. Dabei gäbe es so viel Gutes zu berichten, jeden Tag könnten die ein Buch darüber schreiben. Zugegeben, es gibt schon eine ganze Menge, was besser sein könnte. Aber wenn ich so durch die Straßen gehe, an den Fenstern vorbei laufe und auch mal stehen bleibe

und den Leuten zuhöre oder schaue, was sie so machen, dann muss ich schon sagen: Es gibt viele Nikoläuse.
Jetzt weiß ich immer noch nicht, was ich machen soll, wer mein Nachfolger werden könnte. Bin mir auch gar nicht so sicher, ob ich tatsächlich aufhören will. Auf der Erde gibt es noch so viel zu tun. Könnte doch sein, dass es mir gelingt, ein paar Politikern mal die Augen zu öffnen und ihren kleinen schwarzen Koffer gegen einen Sack auszutauschen. Vielleicht könnte ich das Phänomen lösen, dass viele Menschen alles vergessen, wenn sie nur in so eine Blechkiste mit Rädern steigen. Sie werden dann plötzlich brutal und rücksichtslos.
Ich glaube schon, ich werde weitermachen – aber anders. Die Welt ist immer noch voll guter Menschen, die nachahmenswerte Vorbilder sind. Das ist gut so, denn es gibt auch viel Bedarf dafür. Genau, jetzt hab ich es! Der Nikolaustag wird abgeschafft! Ab heute ist jeder Tag Nikolaustag und jeder kann selbst ein Nikolaus sein – wenn er will.

Die Medaille

Ein Bauer hastet über den Weihnachtsmarkt. Fast rennt er, rempelt andere Leute an, dass sie taumeln und ihre Sachen auf den Boden fallen. Den Kopf hat er zwischen die Schultern gezogen, er läuft mit weit ausholenden Armen, als ob er damit rudern wolle, um schneller voran zu kommen. Seine Miene wird noch um eine Spur finsterer, als er von weitem den Verkaufsstand sieht, zu dem er hin will.
„Da, da – nehmen Sie's! Teufels..., Teufels..., Teufelszeug! Das ist Teufelszeug – Zauberei! Nehmen Sie es zurück!" schreit der Bauer aufgeregt und seine Stimme überschlägt sich dabei.
Mit zitternden Händen wirft er vor dem Händler eine kleine flache Schachtel auf den Tisch. „Nehmen Sie's zurück!"
„Mein Herr, mein Herr", spricht der Händler mit ruhiger, sanfter

Stimme den wütenden Bauern an, „beruhigen Sie sich doch – bitte, bitte. Was ist denn passiert?"
„Was passiert ist?! Betrug! Sie haben mich betrogen – das ist Teufelszeug, Hexerei!"
„Aber bitte, bitte – erzählen Sie doch."
„Teufelszeug, alles Teufelszeug, was Sie da haben. Ich müsste mit dem Pferdefuhrwerk drüber hinfahren!" schreit der Bauer mit rot angelaufenem Gesicht und fuchtelt mit den Armen. Die umstehenden Leute weichen zurück. Sie fürchten, der Bauer werde gleich den Tisch des Händlers umwerfen. Auf dem Tisch stehen wirklich ungewöhnliche Sachen. Orientalisch aussehende Flaschen und Krüge mit glasklaren oder farbigen Flüssigkeiten und Ölen, Schalen mit fremdländischen Körnern und Früchten, Steine, bunt oder grau, bizarr geformt oder ganz glatt, Bilder, auf denen sich die Menschen und Tiere zu bewegen scheinen, wenn man sie aus unterschiedlichen Richtungen betrachtet, Dosen mit geheimnisvollen Pulvern, Räucherstäbchen, Amulette, Ketten und Tücher. Aus einer offenen Karaffe mit langem, schmalen Hals steigt ständig ein zarter Rauch oder Dampf und verbreitet einen eigentümlichen, aber angenehmen Duft.
„Aber bitte, bitte – erzählen Sie doch."
„Diese Medaille, die ich von Ihnen gekauft habe, hat nur eine Seite!"
„Aber mein Herr, Sie wissen doch, jede Medaille hat zwei Seiten, auch diese."
Der Händler nimmt die Medaille aus der Schachtel und dreht sie in seiner Hand. Der Bauer und die umstehenden Leute können die feinsten Gravuren und Ziselierungen auf beiden Seiten der Medaille genau sehen.
„Betrug! Sie haben die Medaille vertauscht! Das ist nicht die, die ich Ihnen gegeben habe. Bei mir zu Hause hatte sie nur eine Seite."
„Sie hatte nur eine Seite?" sagt der Händler fragend. „Was haben Sie denn auf der anderen Seite gesehen?"
Der Bauer wird ruhiger und schreit nicht mehr. „Was ich gesehen habe? Mich selbst habe ich gesehen und," er spricht noch

gedämpfter, "und konnte in die Vergangenheit blicken und noch weiter."

Was der Bauer gesehen hatte, erzählt er dem Händler aber nicht. Er hatte gesehen, wie er einem anderen Bauern einen Pferdewagen mit angebrochener Achse verkauft hatte. Er konnte auch sehen, wie der Wagen zusammengebrochen ist und ein Kind dieses Bauern dabei schwer verletzt wurde. Die Magd sah er auch, die er schikanierte, bis sie fort ging, weil sie ihn nicht erhören wollte. Und er sah auch, dass sie wegen seiner bösen und falschen Nachreden keine Stelle mehr bekam und schließlich auf Jahrmärkten tanzen musste. Und noch viel mehr hätte der Bauer auf der anderen Seite der Medaille sehen können. Aber er nahm sie nicht wieder in die Hand.

„Mein Herr, mein Herr – Sie Glücklicher! – Sie Auserwählter!" ruft der Händler aus und schaut den Bauern mit dem überraschtesten, strahlendsten, freudigsten Lächeln an, das je ein Mensch gesehen hat. Seine Augen glänzen und er fasst über den Tisch nach einer Hand des Bauern, um sie ehrfurchtsvoll zu berühren und zu streicheln. „Sie Glücklicher – Sie Auserwählter!" ruft er voller Bewunderung.

„Mein Herr – die Medaille hat Ihnen ihre andere Seite offenbart. Das hat noch niemals ein Mensch erlebt. Sie Glücklicher!"

Leise, aber noch immer mit dem freudigsten, strahlendsten Lächeln, das man je gesehen hat, sagt der Händler: „Wenn die Medaille Ihnen schon ihre andere Seite offenbart hat, kann sie vielleicht noch mehr. Ich schenke Ihnen dieses Kettchen. Tragen Sie damit die Medaille auf Ihrer Brust und kommen Sie im nächsten Jahr wieder hier her."

Der Bauer versteht nicht so recht, was mit ihm geschieht. Nimmt Medaille und Kette entgegen und geht wortlos davon.

Ein Jahr ist vergangen und der Händler mit den seltsamen, fremdländischen Waren hat seinen Stand wieder an genau der selben Stelle auf dem Weihnachtsmarkt aufgeschlagen. Der Bauer kommt jedoch nicht. Kein einziges Mal ist er auf dem Marktplatz zu sehen.

Erst im darauffolgenden Jahr begegnet der fremde Händler dem Bauern wieder. Er hat seinen Stand wieder an genau der

selben Stelle auf dem Weihnachtsmarkt aufgeschlagen. Von dort aus kann er sehen, dass auf der gegenüber liegenden Seite des Platzes ein Mann von einem Pferdewagen herunter Christbäume verkauft. Ihm entgeht nicht, dass der Mann die vorbeigehenden Leute freundlich grüßt, gleich, welchen Standes sie sind. Der Händler sieht auch, dass der Mann selbst von den Leuten freundlich und oft ehrerbietig gegrüßt wird, gleich, welchen Standes sie sind. Mit einigen Leuten kommt es auch zu einem kurzen Wortwechsel, nach dem diese mit einem zufriedenen Kopfnicken weitergehen.
Als der Wagen leer ist, kommt der Mann zu dem fremden Händler an den Stand.
„Kennst Du mich noch?" fragt er und öffnet seine Joppe so weit, dass eine hell glänzende Medaille auf seiner Brust sichtbar wird.
„Oh ja, ich freue mich sehr, Dich zu sehen," sagt der Händler mit einem Lächeln reiner Freude auf dem Gesicht. „Darf ich Dich etwas fragen? Warum hingen in manchen der Bäumchen, die Du verkauft hast, kleine Säckchen?"
Der Bauer schaut verlegen um sich, als ob irgendwo eine Antwort zu lesen sein müsste.
„Ach ja, das hat nichts weiter zu bedeuten."
„Aber in anderen Bäumen hingen diese Säckchen nicht."
„Na ja – da war nur das Geld drin, das mir die Leute für den Baum gegeben haben. – Die Medaille," sagt der Bauer, „die Medaille trage ich immer bei mir. Sie zeigt mir noch immer ihre andere Seite – auch für die Zukunft."

Christkinder

Die Tür des Stationszimmers steht offen. Im Dienstzimmer der Station 11 K sitzt der Arzt Dr. Achsenmacher am Schreibtisch und trägt etwas in eine Krankenakte ein. 11 K ist in der Klinik die Krebsstation für Kinder. Der Arzt Wolf Achsenmacher hat die Patientenkarte des neunjährigen Christian vor sich liegen und füllt ein Formular mit verschiedenen Angaben aus.
Name: Christian – Geburtsdatum – Befund: Blutkrebs - Todestag – Uhrzeit.
Der Arzt füllt die Sterbeurkunde eines Kindes aus, das den Kampf um das Überleben nicht gewinnen konnte. Bis zuletzt hofften alle auf ein gutes Ende. Der Junge selbst, der seit zwei Jahren mit dieser Krankheit zu leben versuchte, der geduldig und tapfer alle Untersuchungen und Behandlungen und vor allem die Schmerzen ertragen hat. Auf der anderen Seite die Ärzte, die alles getan haben, die heimtückische Krankheit zu bekämpfen. Es war vergeblich. Sämtlichen Bemühungen zum Trotz breitete sich der Krebs in dem jungen Körper immer weiter aus.
Christian hatte gerade begonnen, die Welt für sich zu erobern, und dann musste er so sehr leiden, Untersuchungen und Therapien über sich ergehen lassen. Immer wieder fragte er: "Wann werde ich denn wieder gesund? Ich will doch wieder in die Schule gehen." Was ihn auch sehr beschäftigte war die Frage, ob er dann wohl wieder mit dem Fahrrad fahren könne.
Der Junge hat es nicht geschafft. Ihm war es nicht bestimmt, unbeschwert zu lachen, sich zu freuen, einfach ein Kind zu sein. Er würde nie mit Freunden zusammen im Herbst einen Drachen steigen lassen, mit einem Hund um die Wette rennen oder im Sommer jauchzend ins erfrischende Wasser springen. Dabei hätte er sich sicher auch gern Ziele gesetzt, später nach den Mädchen geschaut, versucht, die Welt und sich selbst kennen zu lernen. Vielleicht hätte er mit einem Musikinstrument anderen Menschen Freude bereiten oder Gedanken und Gefühle in Farben ausdrücken und festhalten können. All das hat aber nicht sein sollen. Erbarmungslos hat der Tod nach diesem jungen Leben gegriffen und es an sich gerissen.

Diese Eintragungen in einen Vordruck sind das Letzte, das der Arzt für seinen kleinen Patienten noch tun kann.
Datum: 24. Dezember – Unterschrift.
Wolf Achsenmacher schließt die Akte, stützt die Ellbogen auf die Tischplatte und legt sein Gesicht für einige Minuten in die Hände. Wenigstens hat er an diesem Tag so viel Zeit, noch einmal über seinen kleinen Patienten nachzudenken. Die Schicksale der kleinen Leute berühren ihn sehr. In seinem Wesen ist er überaus einfühlsam und nimmt an jedem der jungen Leben Anteil. Die Kinder spüren das genau und freuen sich, wenn er zu ihnen kommt.
Eine Assistenzärztin betritt das Dienstzimmer. Sie nimmt auf einem Stuhl neben dem Schreibtisch Platz, sieht die Krankenakte liegen und schweigt. Die Atmosphäre in dem Raum hat etwas Bedrückendes. Es muss nicht ausgesprochen werden, um es zu begreifen. Der Blick der Frau wandert über den Schreibtisch. Neben den üblichen Utensilien fällt ihr halb links auf dem Tisch zum ersten Mal das Foto eines Jungen auf. Als das Bild aufgenommen wurde mochte der Junge ungefähr zwölf oder vierzehn Jahre alt gewesen sein. Ein Schwarzweißfoto zeigt den Knaben offenbar im Sommer in einem Garten. Er trägt ein kurzärmeliges Hemd und kurze Hosen. Neben ihm sitzt ein großer zotteliger Hund, im Hintergrund erstreckt sich eine Blumenrabatte. Die Gestalt des Jungen ist sehr hager, schmächtig. Vor allem das Gesicht wirkt abgemagert, eingefallen, was durch das kurze schüttere Haar noch verstärkt wird. Mühsam versucht er zu lächeln. Das gelingt ihm aber nur andeutungsweise. Trotzdem, obwohl das Lächeln das Gesicht mehr verzerrt als öffnet, die Gesichtszüge des Jungen zeigen Ähnlichkeiten mit denen des Mannes am Tisch. Sein Sohn? überlegt Nora Sand. Wenn er überhaupt von etwas familiärem spricht, erzählt er von seiner Schwester. Nein, eine Familie hat er nicht.
Dr. Achsenmacher schaut die junge Kollegin an, als erwarte er von ihr eine Antwort auf seine Fragen. Und doch gleichzeitig wissend, dass es diese Antworten nicht gibt. "Er hätte über Weihnachten nach Hause gehen können, so gut hatte sich sein Zustand stabilisiert", sagt Wolf Achsenmacher, "und

dann plötzlich diese akute Verschlechterung." Wieder Schweigen. Nora Sand fragt zögernd: "Ist das Ihr Sohn?" Dabei deutet sie auf das Foto. Der Mann zeigt ihr die Rückseite des Bildes, auf der geschrieben steht "Wolf in M." und ein Datum vor fast dreißig Jahren. "Ich war einer jener drei Prozent", sagt er, "das heißt, damals waren es noch weniger." Nach einer langen Pause nachdenklicher Stille sagt die Ärztin, sie wolle noch nach der kleinen Patrizia schauen und verlässt den Raum.
Auf Station 11 K herrscht wieder Betriebsamkeit. So weit das möglich ist, müssen die Kinder Mittagsruhe halten. Im Aufenthaltsraum steht neben dem Fenster ein großer, bunt geschmückter Weihnachtsbaum. Die Kinder auf der Station sollen natürlich auch eine kleine Weihnachtsfeier haben. Von einigen Kindern sind die Eltern, Mutter oder Vater gekommen. Der Pfleger Harald hat eine Gitarre mitgebracht und die Schwestern Andrea, Carmen und Sabine leckeres Gebäck und Lebkuchen. Doch leider dürfen nicht alle Kinder davon naschen. Auch die kleinen Patienten hat eine weihnachtliche Stimmung erfasst. Sebastian hat wie immer seine gestrickte Mütze auf, weil es so kalt ist. Vielleicht auch deshalb, weil niemand sehen soll, dass er keine Haare auf dem Kopf hat. Jasmin ist da mit ihrem di-

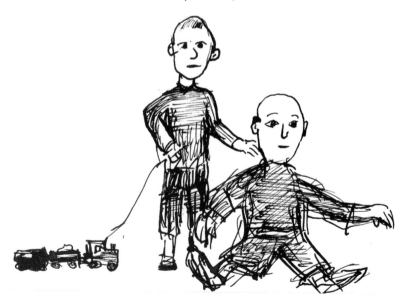

cken Verband am Hals und auch Kemal in seinem kleinen Rollstuhl. Da ist auch Patrizia. Sie kann nicht aufstehen, weil sie zu schwach ist und außerdem eine Infusion am Arm hat. Sie wurde in ihrem Bett in den Aufenthaltsraum gefahren. Am Tisch sitzt Thorsten und blickt stumm in die Flamme der Kerze. Harald spielt auf der Gitarre Advents- und Weihnachtslieder, mitsingen mag niemand. Anstatt Lebkuchen zu essen, muss Sandra eine Medizin einnehmen. Sie fragt die Erwachsenen immer wieder: "Kommt meine Mami auch?" Manche Kinder bekommen ein kleines Geschenk. Felix, der nicht mehr sprechen kann, hält ein kleines Auto in der Hand. Lisa streichelt mit ungeschickten Händen ihren Plüschdino und drückt ihn fest an sich. Sven ist am besten dran. Er läuft wie aufgezogen im Zimmer umher, will allen Kekse und Kinderpunsch bringen und drückt immer wieder Vanessa, die die ganze Zeit über leise weint. Schwester Carmen sitzt bei Silvia, die seit ihrer Operation nichts mehr sehen kann, und hält ihre Hand. Für kurze Zeit wird der Krankenhausgeruch vom frischen Tannenduft des Weihnachtsbaums verdrängt. Harald spielt Gitarre, Sandra fragt: Kommt meine Mami auch? Und plötzlich fragt Thorsten: "Wo ist denn der Christian?"

Schneetreiben

kalt
ist es geworden
draußen
ein Sturm kommt
Schnee
wird es geben -
wo
treiben wir
den Schnee hin?

In der Weihnachtswerkstatt

Ein junger Mann tanzte verträumt im Licht des Scheinwerfers, das die Bühne erhellte. Er war schlank, hochgewachsen und bewegte sich zu einer Musik, die nur er zu hören schien. Denn außer den Geräuschen, die er mit den Füßen auf dem Boden erzeugte, war kein Laut zu vernehmen. Der Tänzer hieß Bleistift und wo seine Füße den Holzboden berührten, hinterließen sie eine dünne, graue Spur.
Max hatte wieder einmal alles auf der Werkbank liegen gelassen und war weggelaufen. Werkzeuge, Bretter, Farbtöpfe, Sandpapier und ein Zeichenblock lagen kreuz und quer durcheinander.
An diesem Abend schien der Max es besonders eilig gehabt zu haben, denn über der Werkbank brannte sogar noch die Lampe.
Nachdem der Bleistift vom Tanzen müde geworden war, sprang er beiseite und legte sich auf ein Häufchen dünner, weicher Hobelspäne.
Da Bretter bekanntlich Sägen magisch anziehen, kam auch bald die Laubsäge daher. Sie ging um das Brett herum und betrachtete die Linien, die der Tänzer auf das Holz gezeichnet hatte.
„Halt mal fest," sagte die Laubsäge zur Schraubzwinge und machte sich ächzend an dem Brett zu schaffen. Ihr wurde ganz schön heiß bei der Arbeit.
Das Schnitzmesser stand daneben und schaute interessiert zu. Als die Laubsäge ihre Arbeit beendet hatte, rutschte es ein paar Mal auf dem Schleifstein hin und her und schnitt dann wortlos an verschiedenen Stellen kleine und größere Späne aus dem Holz.
In einer Ecke auf der Werkbank flüsterten ein paar Holzdübel mit dem Bohrer und blickten dabei immer wieder zu dem Holzstück hin, an dem das Schnitzmesser noch emsig arbeitete. Schließlich gingen sie zum Fuchsschwanz und berieten sich mit ihm.

„Das werden wir gleich haben," sagte der und sägte ein Stück von dem übrigen Brett ab. Das trug er zum Sandpapier und sagte:
„Da, mach das mal schön glatt."
Als das getan war, fraß der Bohrer ein paar Löcher in das schön glatt geschmirgelte Brettchen und die Holzdübel setzten sich hinein. In das andere, beschnitzte Stück Holz fraß er auch noch einige Löcher.
Jetzt wurden starke Burschen gebraucht. Der Hammer, der Meißel und das Stemmeisen hoben die Figur auf und setzten sie auf das Brett. Die Dübel, die dort warteten, hielten sie sofort fest und alle standen davor und betrachteten das Werk.
„Aha – aha – na so was aber auch!" Der Pinsel war gekommen. Wie ein Hexenbesen schwirrte er um die Figur herum und wedelte dabei den Staub von ihr ab.
Als er damit zufrieden war, flog er zu den Farbdosen, tippte mehrere davon an, die sich mit einem lauten „Blubb" öffneten. Das brachte den Pinsel erst so richtig in Schwung. Er flog hin und her, tauchte in die Farben ein und huschte über das Holz. Dann rief er seinen kleinen Bruder. Der setzte noch ein paar Farbtupfer drauf und verschwand gleich wieder.
Stolz standen nun alle Handwerker vor der fertigen Figur, die strahlend in schönen Farben leuchtete. Sogar der dicke Hobel hatte sich herangeschoben.
Jemand begann und plötzlich riefen sie alle im Chor:
„Christkind, Christkind!"
Das Christkind öffnete die Augen und sagte:
„Danke, ihr Werkzeuge. Dann muss ich mich mal auf den Weg machen, ich werde sicher schon erwartet."
Die Werkzeuge zündeten dem Christkind eine Kerze an und riefen ihm hinterher:
„Frohe Weihnacht – frohe Weihnacht!"

Nachtprogramm

"Hallo, guten Abend - dann wollen wir mal!" Berger betrat das Studio mit einem Einkaufskorb in der Hand.
Elvira sprühte wieder vor Energie und Übermut wie eine Wunderkerze. "Hej, Willi, kommst du gerade vom Einkaufen? Na, Krawatte und Socken schon ausgepackt? Welche Farbe gab es denn dieses Jahr?"
Er sah sie ein paar Momente lang an, wiederholte mit schwacher Stimme: "Krawatte, Socken - von wem?" Und nach einem weiteren Augenblick wieder sicherer: "So, jetzt räum mal den Tisch ab, damit wir es uns gemütlich machen können."
"Und wo ist der Christbaum? Steht der vor der Tür?"
Im Technikraum des Studios war gerade noch Platz für einen kleinen Tisch, an den zwei Stühle gestellt werden konnten. Elvira war für die Studiotechnik zuständig und hatte auf dem Tischchen den Fahrplan für das Nachtprogramm und einige Stapel Platten und Kassetten ausgebreitet. Ein Verzeichnis der Musiktitel, die aus dem Computer abgerufen werden konnten, lag irgendwo dazwischen. In seinem Einkaufskorb hatte Willi auch noch etliche CDs, auf denen Haftzettel mit Notizen klebten, und Bücher, aus denen Zettel herausragten. Außerdem Tüten, deren Inhalt etwas Leckeres zu sein schien, sowie ein paar Flaschen. Willi stellte den Korb erst einmal unter den Tisch.
"Hej, was ist denn los, ab ins Kabäuschen mit dir - du hast mal wieder die Ruhe weg!"
Berger horchte auf, aus dem Monitorlautsprecher des Studios waren Nachrichten zu hören. Er ging in den Aufnahmeraum.
Rotes Licht.
"Recht schönen guten Abend, meine sehr verehrten Damen und Herren, liebe Hörerinnen und Hörer! Sie haben den richtigen Sender eingestellt, willkommen beim Nachtprogramm! Im Studio heute Nacht für Sie: Willi Berger."
Rotes Licht aus.
Musik.

Berger drückte die Sprechtaste zur Technik: "So, Elvchen, nach

dem ersten Stück erzähle ich den Leuten, was sie heute Nacht zu erwarten haben, und dann machst du mal so zwanzig Minuten Musik."
"Zwanzig Minuten? Aber Wint... "
"Quatsch, ist egal, was der will! Das ist unsere Nacht. Der sitzt zu Hause, singt fromme Lieder, hat wahrscheinlich den dritten Cognac in der Hand und bestimmt schon Streit mit seiner Schwiegermutter. Mach mal."
"Okay."
Rotes Licht.
"Falls Sie sich wundern, meine Damen und Herren, dass es heute Abend so ruhig auf den Straßen ist oder dass Sie Ihr Nachbar so freundlich gegrüßt hat, dann liegt das vielleicht an Weihnachten. Ja, heute ist Heiligabend, auch wenn in manchem Schaufenster schon die ersten Osterhasen um die Ecke grinsen. Heute ist Heiligabend. Wenn Sie möchten, können Sie diese Nacht mit uns verbringen. In der Technik ist Elvira Sander, und die hat eine ganze Menge wirklich schöner Musik bereitliegen. Was erwartet Sie heute Nacht? Ja, wie gesagt, schöne Musik. Um Mitternacht kommen auch wir um ein Silent Night nicht herum. Ich habe eine sehr ansprechende kaum bekannte Aufnahme für Sie entdeckt, vielleicht gefällt sie Ihnen auch. Dann, ungefähr in anderthalb Stunden, können wir ein bisschen miteinander plaudern. Wenn Sie mögen, liebe Hörerinnen und Hörer, können Sie mich hier im Studio anrufen - da blinkt es schon, nein, nicht jetzt und nicht diese Nummer. Die Nummer, unter der Sie mich dann erreichen können, sage ich Ihnen später. Also, machen Sie es sich bequem, gemütlich, und bleiben Sie dran!"
Rotes Licht aus.
Berger verließ den Aufnahmeraum.

"Und jetzt machen wir es uns auch erst mal gemütlich. Hast du Gläser da, Elvchen?"
"Aber ja doch! Bist du der Weihnachtsmann? Ich dachte immer, der hätte einen großen Sack und einen langen Bart."
"Man muss da ein bisschen mit der Zeit gehen, weißt du. Weihnachten ist schließlich auch nicht mehr das, was es einmal war.

Wir nehmen erst mal die hier." Willi zog eine Flasche aus dem Einkaufskorb und riss ein Paket Lebkuchen auf.
"Und, wie wars bei dir heute Abend? Ohrringe oder Halskette?"
"Naja - nichts - Paul hat es fertiggebracht, mit der Christbaumbeleuchtung drei Sicherungen durchzufeuern. Dann kam so ganz zufällig sein Freund Peter vorbei - da bin ich gegangen. Kannst dir vorstellen, was da morgen früh los ist."
"Du kannst mit zu mir gehen."
Elvira schaute eine Weile in ihr Glas.
"Hm-hm, gut. Dann werd ich aber deinen Kater knuddeln, bis er die Wand hochgeht."
Elvira hatte sich schnell wieder gefangen. Sie warfen sich die Bälle hin und her und keiner blieb dem anderen die passende Antwort schuldig.
"Mensch Willi, mach rein, zwanzig Minuten!"
Berger sprang auf und rannte in den Aufnahmeraum. Nach einer kurzen Moderation kam er schon wieder zurück.
Willi Berger betrachtete die Tontechnikerin, während sie die Geräte bediente.
"Was hälst du denn von einer Stunde Telefon, wer noch jemandem etwas sagen möchte?"
Elvira hielt ihm den Fahrplan vors Gesicht.
"Guck mal, Wint... "
Sie schaffte es einfach nicht, den Namen des Programmchefs auszusprechen. Willi unterbrach sie. "Lass den mal. Der liegt jetzt vielleicht schon im Hundekorb. Das ist heute unser Programm. Bestimmt möchte heute noch jemand jemandem etwas sagen."
Er berührte mit der Hand leicht ihre Schulter und verschwand wieder hinter der Glasscheibe.
Rotes Licht.
"Meine Damen und Herren, liebe Hörerinnen und Hörer! Haben Sie eigentlich an alle und alles gedacht? Oder möchten Sie noch jemandem etwas sagen? Vielleicht dass Sie morgen nicht mit zum Skifahren können, weil Sie Ihre Pudelmütze nicht finden? Oder ausnahmsweise dem Sportwagenfahrer im dritten Stock sagen, dass er das Licht nicht ausgemacht hat? Oder

den Nachbarn gegenüber, dass ihr Tannenbaum brennt? Oder dass Sie einen fertigen Gänsebraten abzugeben haben, weil Ihre Gäste nicht gekommen sind? Was immer Sie jetzt noch jemandem sagen möchten, rufen Sie an, Sie sind live auf dem Sender!"
Rotes Licht aus.
Nach einer Dreiviertelstunde kam Berger völlig entnervt aus dem Aufnahmeraum gestürzt. "Das gibt es nicht, verdammter Mist! Nein - nein - ich krieg zu viel! Das darf nicht wahr sein!"
Er trank einen Schluck aus seinem Glas und lief zwischen Technik und Aufnahmeraum hin und her.
"Mäuslein, ich liebe dich! - Ich grüße meine liebe Frau, die neben mir auf dem Sofa sitzt! - Schätzchen, ich vermisse dich so! - Küsschen bis morgen! - Es ist einfach nicht zu fassen! Fällt den Leuten nichts Originelleres ein?"
Elvira amüsierte sich. "Hast du vielleicht etwas anderes erwartet? Die Leute sind heute Abend nicht so cool wie du."
"Ich - cool?!"
Berger setzte sich und schenkte die Gläser nach. "Was meinst du denn, was ich schon für Weihnachten hatte! Da war nichts mit Sentimentalitäten."
Wie ein Film schien eine ganze Reihe Weihnachtsfeste vor seinem inneren Auge vorbeizuziehen. Er nannte einige Szenen, die er erblickte:
"Als Kind hat es schon angefangen. Meine Mutter gab es nur an Weihnachten als Paket - so ging es weiter - einen Weihnachtsmann oder ein Christkind habe ich nie zu sehen bekommen, ist immer gerade da gewesen, wenn ich nicht im Raum war - ausgerechnet an Weihnachten musste ein Freund von mir verrückt spielen - oder als ich bei den Sanitätern war, nichts mit Weihnachten - Weihnachten auf der Autobahn als Kurier - Weihnachten im Krankenhaus - oder nichts, einfach gar nichts

- das schönste Weihnachtsfest war eigentlich das mit Britta -"
Jetzt war es Elvira, die ihrem Kollegen sachte die Hand auf die Schulter legte. "Magst du erzählen?"
Willi erzählte. Elvira hörte zu, ließ ihn reden oder schweigen. Sie hörte einfach nur zu. Zwischendurch schaute sie auf ein Display und drückte ein paar Tasten auf dem Schaltpult.
Willi erzählte. Lange, viel. In eine größere Pause hinein sagte Elvira zögernd:
"Du, Willi - entschuldige bitte - vor zwölf Minuten hättest du Nachrichten lesen sollen."
Er schaute auf, sein Gesicht entspannte sich, als käme er aus einem tiefen Traum zurück. Er griff nach Elviras Hand und blickte sie mit einem leichten Lächeln an. Dann ging er in den Aufnahmeraum.
Rotes Licht.
"Sie haben es schon gemerkt, liebe Hörerinnen und Hörer, Nachrichten gibt es heute Nacht keine. Die wichtigsten Nachrichten, die wir heute melden könnten, sind schon zweitausend Jahre alt. - Und jetzt, meine Damen und Herren, wie angekündigt, bin ich ein Ohr für Sie. Unter der Telefonnummer, die ich Ihnen gleich sagen werde, können Sie mich im Studio anrufen und Ihre Gedanken erzählen, was Sie machen, wie es Ihnen geht - wir hören Ihnen zu."

Himmlische Bigband

"Ambrosius! Jetzt wird es aber Zeit! Wo bleibst du nur und wie siehst du denn aus?" Der Kapellmeister ist aufgebracht, springt wütend um das Dirigentenpult herum und hat im Zorn schon seinen Taktstock zerschlagen. Das Orchester sitzt längst bereit und alle warten auf Ambrosius. Aber ohne den ersten Posaunisten kann eben nicht gespielt werden.
Der Engel Ambrosius sieht wirklich schlimm aus - kreideweiß im

Gesicht, das lockige Haar völlig zerzaust und das schöne weiße Kleid zerknittert. Ambrosius lässt sich jammernd auf einen Stuhl fallen.
"Oh Gott, ist mir schlecht. Ich glaube, mir wird gleich furchtbar übel."
Karanus, der Dirigent, drängelt. "Reiß dich zusammen! Wir wollen anfangen."
Ambrosius jammert zum Gotterbarmen. "Ich war Karussellfahren auf der Weihnachtspyramide. Die sind echt durchgedreht! Mit dreißig Umdrehungen in der Minute lassen die das Ding laufen - mir ist so übel!"
Karanus: "Wer ist denn der Neue dahinten, mit den Keksdosen und den Topfdeckeln?"
"Ich bin Bakerius, Chef, und das issn Schlagzeug."
"Xavirius, willst du jetzt etwa Radio hören?"
"Nee, Chef, das ist ein Synthesizer, der erzeugt himmlische Sphärenklänge."
Der Dirigent gibt das Zeichen zum anfangen, bricht aber sofort wieder ab.
"Wo sind denn die Pauken?!"
"Das mach ich schon, Boss," meldet sich Bakerius und improvisiert den Anfang des Weihnachtsoratoriums.
"Franziskus, was hast du denn mit der verbogenen Trompete vor?"
"Ich spiele jetzt Saxophon, okay?"
"Bloß gut, dass die Harfe und die Geigen wenigstens noch echt sind," beruhigt sich Karanus.
Der Harfenist zupft einen Akkord, der mit viel Hall und Vibrato aus dem angeschlossenen Verstärker kommt.
"Ist vielleicht der Kontrabass noch original?" erkundigt sich der Dirigent.
Daraufhin ertönt ein brummiger Blues-Lauf und die anderen fallen sofort in den Rhythmus ein.
"Aufhören!" schreit Karanus und der zweite Taktstock geht zu Bruch.
"Also, Leute," sagt Karanus langsam und gefasst, "ihr seid eine Engel-Kapelle und keine Jazzbande. Ihr seid nicht in einer ver-

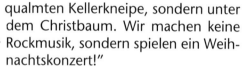

qualmten Kellerkneipe, sondern unter dem Christbaum. Wir machen keine Rockmusik, sondern spielen ein Weihnachtskonzert!"

"Okay, Boss!" ertönt es einstimmig und die himmlischen Musiker legen artig die Flügel zusammen.

Konzentriert und mit viel Gefühl beginnen die Streicher zu spielen. Sachte setzen die Trompeten ein und variieren die Passage dreimal genau notengetreu. Saxophon, Posaunen und Kontrabass kommen dazu und unversehens hat die himmlische Bigband einen Swing-Klassiker drauf. Die Gesichter der Musiker strahlen von überirdischem Glanz. Bis auf einen. Der Dirigent fuchtelt wild mit den Armen, dass sie aufhören sollen.

Karanus scheint gegen diese übermütigen Engel machtlos zu sein. Immer wieder verfallen sie in Blues oder Jazz, Swing oder Rock. Dabei ist ihnen offenbar nichts heilig. Ob Händel oder Bach, keiner bleibt verschont. Sie spielen die klassische Weihnachtsmusik modern, aber so gekonnt, dass sich schließlich sogar Karanus heimlich Gefallen daran eingestehen muss. So ganz unauffällig lässt er seine Engel bei jedem Stück ein kleines bisschen länger jazzen, rocken oder swingen.

Dann plötzlich, völlig unerwartet, wirft Karanus den Taktstock fort, krempelt blitzschnell die Ärmel seines Gewandes hoch und ruft:

"Okay Jungs, auf gehts!" Er schnippt mit Daumen und Mittelfinger. "A-one, two - a-one, two, three!"

Augenblicklich tobt die himmlische Bande los. Die Gesichter strahlen und lachen, Fußspitzen und Haarschöpfe wippen den Takt, Franziskus entlockt dem Saxophon hellste Töne, es passt einfach alles zusammen. Sie legen ein Ragtime-Madley aufs Parkett, dass es um den ganzen Erdball zu hören sein muss. Bakerius lässt die Stecken über Trommeln, Pauken und Becken wirbeln und ist ganz außer Rand und Band. Elias am Klavier haut in die Tasten und hüpft vor Begeisterung auf dem Hocker herum. Man könnte ihn sich gut mit ärmelloser Weste, hochgeschlagenen Hemdsärmeln und der Zigarette im Mundwinkel vorstellen. Jetzt ist wirklich die Hölle offen. Karanus reißt einem Geiger das Instrument aus der Hand und fidelt wie der Teufelsgeiger drauf los, dass die Saiten glühen. Das spornt alle noch einmal so richtig an. Bakerius rutschen die Trommelstecken aus den Händen und schwirren durch die Luft, an der Harfe reißt die dritte Saite und Franziskus kippt nach hinten über, als er aus seinem Saxophon die höchsten Töne herausholen will, und spielt auf dem Rücken liegend weiter. Elias fällt vom Hocker und Ambrosius hat wieder rotglühende Wangen. Der Schluss wird zum gigantischen Finale. Die ausgelassene Bande ist nicht zu bremsen. Karanus wirft die Geige in die Höhe, klatscht seinen Leuten begeistert zu und umarmt einen, der ihm gerade am nächsten steht.

Ein Weihnachtskonzert

Sein Blick schweift über den verschneiten Garten, die Wiese und streift die Bäume. Einzelne Grasbüschel ragen noch aus dem Schnee heraus. In den dicht mit Schnee bedeckten Tannen piepsen die Vögel, gleich werden sie heraus kommen zum Futterhäuschen. Dort hat er gerade einen großen Becher voll Körner, Haferflocken und Nüsse hinein geschüttet.
"So, da habt ihr zu futtern, machts gut, morgen komme ich wieder."
Mit raschen Schritten läuft Alfred zum Bahnhof, hat sich vorher vergewissert, dass er alles eingesteckt hat. Fahrkarte und Eintrittskarte, das waren jetzt die wichtigsten Dinge, die er haben musste. Ungefähr zweieinhalb Stunden Bahnfahrt liegen vor

ihm, auf das Konzert am Abend freut er sich sehr. Das ist für ihn schon zur guten Tradition geworden, ein Weihnachtsgeschenk für sich selbst. Und dieses Jahr freut er sich ganz besonders darauf, ist richtig aufgeregt. Dieser Abend wird ein ganz besonderes Erlebnis werden, da ist er sich sicher. Die beste Alphorn-Solistin im Land würde mitwirken, und sie einmal richtig auf der Bühne zu sehen und zu hören ist wirklich ein großartiges Erlebnis.

Die Besucher eilen kreuz und quer durch das Foyer, drängeln an der Garderobe oder schwatzen laut an der Bar. Nur wenige stehen wie er etwas abseits oder warten in den Sesseln der Sitzecken auf den Beginn des Konzerts. Die Halle ist vorweihnachtlich geschmückt, an der Seite steht ein großer Christbaum mit elektrischen Kerzen. Festlich auch die Kleidung der Besucher, keine große Garderobe mit Smoking und Abendkleid. Viele sind in richtigen Trachten gekommen, andere gediegen feierlich gekleidet.

Die Lampen erlöschen, die Gespräche verstummen, irgendwo noch ein Knistern oder Räuspern und der Vorhang öffnet sich. Das Bühnenbild ist schlicht und schön. Alle mitwirkenden Musiker, Sänger und der Chor sind auf der Bühne, ganz vorn an einem kleinem Tisch sitzt der Moderator, eine Kerze brennt. Die Bühne ist dezent, nicht grell beleuchtet. Oben, quer über die ganze Breite wurde der Chor platziert, die anderen Gruppen und Solisten sitzen und stehen verteilt auf Stufen davor.

Die Blechbläsergruppe eröffnet das Weihnachtskonzert mit einer alten, aber gar nicht so bekannten Weise, das ist ein schöner Anfang. Der Moderator begrüßt die Besucher herzlich und stellt die einzelnen Solisten und Gruppen, Sängerinnen und Sänger vor, stimmt das Publikum mit einem Gedicht auf einen schönen vorweihnachtlichen Abend mit guter alter Musik ein.

Die Saitenstreichler, der Drei-Mädel-Gesang und die Stubenkater, die Holzbläser und die Blechner, der Chor und die Brummbären, der Zitherspieler und die Alphorn-Solistin wechseln sich mit ihren Darbietungen ab. Schöne, eingehende Lieder und Stücke werden gesungen und gespielt, alles passt harmonisch zusammen. Und die alten, im Volk entstandenen Melodien und

Texte schaffen eine Atmosphäre im Saal, die man nur schwer beschreiben kann. Jeder Besucher wird irgendwann davon erfasst und hängt seinen Gedanken nach, lässt Gefühle aufkommen, vielleicht tauchen sogar längst vergessene Bilder, Träume und Wünsche wieder auf. Jeder erlebt das Konzert ganz für sich allein.

Beim Spiel der Zither taucht plötzlich eine Erinnerung aus seiner Kindheit wieder vor dem inneren Auge auf. Alfred sieht sich im Hof stehen mit der alten zertrümmerten Zither in der Hand. Das Holz ist zersplittert, die Saiten hängen herab, ein grässlicher Anblick. Der Großvater hatte zu ihm gesagt: "Da, zerhack das alte Ding, das liegt bloß nutzlos herum, das braucht doch keiner mehr". Erst viel später hat er begriffen und verstanden, was er da eigentlich getan hat und die Gewissheit, es nicht wieder gut machen zu können, drängt sich ihm mit diesem Bild immer wieder quälend ins Bewusstsein.

Fritzi lässt während der ersten Hälfte des Konzerts das Alphorn zwei Mal tönen, wunderbar! Diese schönen Melodien, der warme, weiche Klang des Horns, dieses einfühlsame Spiel berührt ihn im Innersten, er kann nur lauschen und schauen, das Alphorn und die wunderschöne Musik, die die Musikerin damit erklingen lässt. Das Alphorn war schon sehr lange sein Lieblingsinstrument. Wie oft schon hatte er es gegen Verunglimpfungen verteidigt. "Das ist doch bloß Getute, was soll denn daran schön sein?" hörte er immer wieder sagen. Er stellte dann meist zuerst die Frage, ob er oder sie überhaupt schon einmal ein Alphorn so richtig gehört hätten, ob sie überhaupt wüssten was für schöne Melodien mit einem Alphorn gespielt werden können, ob sie wüssten, dass das Spiel eines richtigen Alphornbläsers aus seinem tiefsten Inneren, vom Herzen käme. Nur wenige Menschen können verstehen, dass jemand vor einem Alphorn und der Musik, die es ertönen lässt, tiefe Ehrfurcht empfinden kann. Eigentlich sollte man das doch bei jedem Musikinstrument empfinden, das handwerklich hergestellt wurde, und auch vor dem der es gebaut hat und dem, der die Musik dazu gefunden hat – vor den Menschen und der Kunst, die sie beherrschen.

Das Konzert nähert sich seinem Ende und dem Höhepunkt. Fritzi lässt zum Schluss noch einmal das Alphorn ertönen. Sie setzt das Horn an, warm und weich erfüllen die Töne den Saal, selbst leise Töne sind überall deutlich zu hören. Fritzi spielt eine traditionelle Melodie, die sie selbst sehr gerne mag, aber sie klingt jedes Mal ein bisschen anders, so wie sie gerade fühlt, wie sie sich in die Melodie und ihr Spiel hinein geben kann. Tiefe innere Ruhe und Kraft sind dann zu spüren, auch und gerade wenn sie unter freiem Himmel spielt, was sie eigentlich am liebsten macht. Und am besten spielt Fritzi, wenn sie merkt, dass sie anderen Menschen damit Freude bereitet.

Ihr Blick streift durch die dunkle Konzerthalle und findet wieder das Gesicht eines Mannes in einer der vorderen Reihen. Es ist ihr vorher schon aufgefallen. Seltsam, da sitzen so viele Menschen im Saal und dieses eine Gesicht zieht ihren Blick immer wieder auf sich. Es hat eine gewisse Ausstrahlung, ist so offen und die Augen glänzen vor lauter, reiner Freude. Manchmal hält der Mann die Augen geschlossen, dann hat er sie wieder weit geöffnet, als könnten sie die Musik sehen. Aber das Gesicht strahlt etwas aus, als würde es sich über jeden einzelnen Ton freuen, ihn erwarten und in sich aufnehmen. Pure Freude.

Fritzi bläst das Alphorn, schließt die Augen und ist eins mit dem Instrument und ihrer Musik. Sie spielt nur noch, selbstvergessen, voller Hingabe, nimmt die Zuhörer im Saal und die anderen Musiker und Sänger um sich herum gar nicht mehr wahr. Ihr Spiel ist schön und ergreifend wie nie zuvor und die Herzen der Zuhörer sind erfüllt davon. Niemand hat eigentlich bemerkt, wann sie ihr Spiel beendet hat. Der letzte Ton schwingt durch den Raum, bis er langsam leise verstummt, so wie der letzte Akkord eines Liedes in der Ferne verweht – Stille.

Viele der Zuhörer lauschen diesem letzten Ton noch eine Weile hinterher, möchten ihn festhalten oder mit ihm durch den Raum, durch die Wände hinaus und über Berge und Täler hinwegschweben. Zögernd setzt der Applaus ein, wird stärker und lauter, brandet durch den Saal zur Bühne hinauf und durch die geöffneten Türen weit hinaus. Nur die Alphorn-Bläserin steht noch immer unbewegt mit geschlossenen Augen und hält ihr Instrument mit beiden Händen, als wolle sie es gleich wieder an die Lippen setzen, hält es wie ein Kind, das sein liebstes Spielzeug an sich drückt. Der Hauptscheinwerfer ist noch auf sie gerichtet, aber sie steht, als sei sie gar nicht da, in sich versunken, hat die Welt einfach vergessen.
Es wird still, die meisten Besucher sind schon hinaus gegangen. Da endlich öffnet sie die Augen, in einer der vorderen Reihen steht noch ein Mann und verneigt sich – zwei Gesichter strahlen voller Freude, zwei glückliche Menschen.

Im Atelier

Die Mutter gab mir eine große Schale mit Äpfeln, Gebäck und Lebkuchen, einem Gläschen Honig, einem Runksen Brot und einer Wurst in die Hand. Ringsherum hatte sie ein paar kleine Fichtenzweige hinein gesteckt. Sie sagte: „Bring das doch mal rauf zu dem unterm Dach."
Ich wollte nicht, erfand etliche Ausreden, warum es jetzt nicht ginge, später würde ich die Schale hinauf bringen, oder morgen früh. Sie könnte es ja auch selbst tun, wenn es unbedingt gleich sein müsste.
"Ich kann jetzt nicht hinauf gehen!" tat ich wichtig.
Das war jedes Jahr so am Heiligabend. Unter irgend einem Vorwand wurde ich aus der Wohnung geschickt, um irgend etwas zu erledigen. Wenn ich dann wieder zurück kam war zufällig, ausgerechnet in dieser Zeit, der Weihnachtsmann da gewesen.

Am Christbaum brannten die Kerzen und auf dem Tisch lagen dann immer ein paar schön eingewickelte Päckchen, Zeit der Bescherung.
An jenem Heiligabend war es wieder so. Vater rumorte schon eine Weile in der guten Stube herum, Mutter hatte das Sonntagskleid angezogen und ich musste die Schale nach oben tragen.
Der unterm Dach, wie sie immer sagten, war Franz, ein Kunstmaler. Manchmal hörte man ihn im ganzen Haus singen, manchmal sah und hörte man tagelang gar nichts von ihm.
Nach dem zweiten Klopfen öffnete der Maler die Tür. Wie meist trug er seinen alten geflickten Kittel mit den vielen Farbflecken und den eigenartigen Hut. Der Hut sah aus, als hätte jemand die Krempe abgerissen. Er schien gerade zu malen.
In dem kleinen Vorraum sagte ich, was ich sagen sollte.
"Mach die Tür zu, hier ziehts!" rief eine Frau aus dem Zimmer hinter dem Maler. Aus der halboffenen Tür schimmerte Kerzenlicht. Die haben auch gerade Bescherung, dachte ich und wurde an der Schulter in den Raum geschoben. Drinnen war es schön warm und nur schwaches Kerzenlicht erhellte das Atelier.
"Da bitte." Ich wollte endlich die Schale los werden und schnell wieder gehen.

"Ah, das ist schön", sagte der Maler mit seiner lauten Stimme. Eine Hand fasste nach der Weihnachtsschale, mit der anderen zupfte er die Wurst heraus, biss sich ein Stück ab und steckte sie wieder an ihren Platz zurück. Alles sah aus wie vorher. Franz schob mir mit dem Fuß einen Schemel hin.
"Da, setz dich und erzähl mal, was du zu Weihnachten gekriegt hast."
"Nichts, wir haben noch nicht – wahrscheinlich ..." Mir fiel ein, dass ich eigentlich gleich wieder fort wollte, weil wahrscheinlich gerade der Weihnachtsmann da war – an den ich zwar sowieso nicht mehr glaubte, aber etwas musste da doch sein. Inzwischen wäre es sicher schon zu spät.
"Ja, das ist gut", sagte der Maler wieder und betrachtete die Schale in seiner Hand. Die Wurst war schon sichtbar kürzer geworden. So ging er weiter in das Zimmer hinein, in dem nur drei Kerzen brannten.
"Guck mal, was das Christkind uns gebracht hat."
Mein Blick folgte ihm und ich erschrak ganz fürchterlich. Ich schaute schnell zu dem großen schrägen Atelierfenster hin, aber auch dort, im Spiegel der Glasscheiben sah ich, was ich nicht sehen durfte und senkte den Blick auf die Dielen.
"Komm, Schluss für heute! – Da, guck dir das mal an." Die Stimme des Malers klang nach echter, freudiger Überraschung.
"Jetzt ist der Kleine ganz verlegen." Wie die Frau das sagte, hätte es Spott oder Mitleid sein können.
"So was Schönes hat er auch noch nie gesehen."
Als ich vorsichtig aufblickte sah ich, wie Franz der Frau sachte über das lange offene Haar strich.
Dann drückte mir der Maler eine Münze und einen Krug in die Hand und sagte: "Frag mal deinen Vater, ob er uns noch einen halben Humpen Bier gibt." Naja, dachte ich, jetzt ist sowieso alles zu spät und vor der Tür hörte ich den Maler sagen: "Siehste, komm, jetzt feiern wir Weihnachten."

Der griesgrämige Nussknacker

Es war einmal ein alter Nussknacker, der lag friedlich in einer Kiste mit Holzwolle und schlief. Dabei träumte er von harten Nüssen mit wohlschmeckenden Kernen und schnarchte zufrieden vor sich hin. Er war ein so recht stattlicher alter Erzgebirger aus gutem Holz mit prächtiger roter Uniform, weißer Hose, hohen schweren Stiefeln und schwarzer Mütze mit Pelzrand. Ein bisschen verliebt war er auch, der alte Knacker. Manchmal träumte er von der schönen Lichterdame mit dem Goldhaar. Aber die holde Engelsfrau wollte ja nichts von ihm wissen, sie stand mehr auf den jungen Bergmann, einen stolzen Kerl mit Steigeruniform und Quaste an der Kappe. Aber träumen kann man ja schließlich mal ein bisschen.
"Hej, hej, was soll das!" rief der Nussknacker wütend, "wer weckt mich da aus meinem Sommerschlaf, lass mich in Ruhe!" Es nutzte ihm aber alles nichts, da konnte er schimpfen und böse drein schauen wie er wollte. Eine Hand hob ihn sachte aus der Kiste und eine andere streifte ihm die Holzwolle ab. Husch-husch, fuhr ihm auch noch der Staubpinsel übers Gesicht.
Da stand er nun auf einem kleinen Schrank, blickte so finster wie es nur eben ging und knirschte mit den großen, kräftigen Zähnen. "Aha", dachte er, als er sich in der Stube umschaute, "es ist also mal wieder so weit, Weihnachten steht vor der Tür. Sie hätten mir ja wenigstens die Stiefel neu lackieren können, das wäre dringend nötig. Dem eingebildeten Bergmann haben sie sie bestimmt wieder schön auf Hochglanz gebracht. Den Bart hätten sie mir auch mal ordentlich auskämmen können. Bei dem aufgetakelten Bergmann seinem mickrigen Schnauzer kann man sich das sparen.
„Ahh, da ist sie ja, die schöne Engelsdame." Schon leicht beunruhigt hatte der Nussknacker von seinem Platz aus das Zimmer abgesucht, bis er sie endlich auf einem Bord entdeckte. Sie blickte gerade zu ihm herüber. Er zwinkerte ihr mit einem Auge zu und flüsterte: "Heute Abend, wenn es dunkel ist, komm ich mal rüber." Dann wollte er vor Freude fast von seinem Schrank springen, weil er meinte, die Schöne hätte ihm zugenickt.

"Aha", knurrte der alte Nussknacker vor sich hin, "da haben wir es wieder." Die Frau, die ihn aus seinem Schlaf gerissen hatte, stellte eine hölzerne Schale mit vielen leckeren Nüssen aller Art neben ihn hin. "Die muss ich nun alle wieder aufbeißen", maulte er, "und wenn ich mal eine essen will und beiße sie einfach kaputt, dann schimpfen sie auch noch mit mir. Sollen sie sie doch selber aufmachen. Hahaha, da sind sie ja viel zu schwach dafür, die Menschen. Für die kleinen Menschen und die alten mache ich das ja ganz gerne, die kriegen das eben nicht so hin. Da fällt auch mal was für mich ab dabei. Die anderen könnten ihre Nüsse genau so gut selber knacken, aber nein, ich altgedienter Nussknacker muss das für sie machen. Immerhin, der eingebildete Bergmannspinsel ist wohl zu dumm zum Nüsse knacken. Der steht nur steif da und hält seine Lichter in der Hand.
Ja, und da ist auch wieder mein Freund, der alte Förster mit dem Gamsbart am Hut. Genau so ein armer Tropf wie ich. Immer wollen sie, dass er raucht und stecken ihm so ein Räucherkerzchen an. Dabei will er gar nicht rauchen, wollte schon längst aufhören damit, aber fragt ihn doch selber!
Also, jetzt wünsch ich euch Gut knack, macht dieses Jahr eure Nüsse selber auf, sonst muss ich noch grimmiger und böser in die Welt gucken."

Weihnachtsabend

"Ja sicher werde ich heute Abend in die Kneipe gehen!" sagt er barsch in einem Ton, der erkennen lässt, dass es darüber nichts zu diskutieren gibt, "ich gehe jeden Abend hin und die anderen werden auch dort sein!" Hilflos bleibt die Frau zurück und starrt benommen auf die Klinke der Wohnungstür, die er dieses Mal noch härter hinter sich zugeschlagen hat als sonst. Sie hatte ihn doch nur gebeten, wenigstens heute, am Heiligabend zu Hause zu bleiben.
Langsam geht sie ins Wohnzimmer, schaltet die elektrische Christbaumbeleuchtung und den Fernseher ein. Auf das liebevoll vorbereitete Abendessen hat sie nun keinen Appetit mehr, schaut stattdessen teilnahmslos auf das Fernsehprogramm. So verbringt sie allein den Heiligabend bis ihr Mann wieder nach Hause kommt.
Er stößt die Wohnungstür auf, schleudert die Stiefel gegen einen Schrank, dass es nur so kracht. Er selbst taumelt gegen die Garderobe, reißt die Kleider von den Haken mit sich auf den Boden. Unter schlimmsten Flüchen richtet er sich wieder auf und ruft mit furchterregender Stimme ihren Namen.
Die Frau hat Angst vor ihrem Mann, zittert und klammert sich mit beiden Händen an den Sessellehnen fest. Jetzt steht er in der Wohnzimmertür, stemmt die Hände rechts und links gegen den Türrahmen. "Gibt's nichts zu essen in diesem Scheißladen? Ein Scheißladen ist das hier!" ruft er mit glasigen Augen in das Zimmer hinein. Die Frau will ohne zu antworten an ihm vorbei in die Küche gehen. Da packt er sie derb an der Schulter. "Oder sollen wir gleich rüber gehen?" sagt er

stockend, mit zynischem Ton in der Stimme. Der Alkoholdunst und Kneipengeruch ekeln die Frau an. Als sie sich aus dem harten Griff befreien will, schlägt er auf sie ein, ziellos, wohin die Faust gerade trifft. Sie flüchtet zurück ins Wohnzimmer. Er hinter her, prallt von der Schrankwand ab, stößt den Couchtisch dabei zur Seite. Immer weiter steigert er sich in seine Wut hinein, flucht und droht der Frau. Die sucht irgendwo Deckung vor seinem Angriff. Der Fußtritt trifft sie hart am Knie. Sie schreit vor Schmerz laut auf und stürzt zu Boden. Aus Schmerz und einem Gefühl der Ohnmacht gegenüber dieser Gewalt bleibt sie auf dem Fußboden liegen und ruft unterdrückt weinend um Hilfe. "Heilige Maria, Mutter Gottes, hilf mir doch! Nimm mich doch endlich zu dir." Ungezählte Male schon hat sie die heilige Jungfrau unter den rasenden Schlägen ihres Mannes vergeblich um Erlösung angefleht. Ungezählte Male schon hat er seine Wut an ihr ausgelassen, wenn er aus der Kneipe oder angetrunken von der Arbeit kam. Ihr Bitten machte ihn nur noch wütender. Unbarmherzig schlägt er auf sie ein. Sie hört ihre eigene Stimme laut schreien: "Nein! Nein! Bitte nicht!" Anstatt der harten Faustschläge spürt sie plötzlich das sanfte Streicheln einer zärtlichen Hand auf ihrem Haar. Wie aus weiter Ferne vernimmt sie die Stimme einer Frau. "Ist ja alles gut – beruhige dich nur." Sie flüstert erschrocken: "Bist du es, heilige Maria? Wo bin ich?" "Es ist alles gut. Ich bin Karin - du bist im Frauenhaus."

Kälte
Eis und Schnee
kühlen
Wunden
des vergangenen Jahres
schmelzen
werden Nahrung
für Neues

Das Krippenspiel

Ihr wisst ja, im Sommer da wars manchmal ganz schön warm. Und an so einem Tag bin ich bei uns die Dorfstraße hinaufgelaufen und auf der anderen Seite lief ein Mann. Ein Fremder, eine ungewöhnliche Gestalt, mit langer Kutte, einem Wanderstab in der Hand, einem Rucksack auf dem Rücken - ein Mönch auf Wanderschaft.
Als ich mit ihm fast auf gleicher Höhe war, kam dem Mann auf der anderen Straßenseite eine Frau mit einem Kind entgegen. Das Mädchen blieb vor dem ehrwürdigen Mann stehen, so dass er auch anhielt. Es schaute ihn eine Weile an und sagte dann:
„Hallo – bist du der Josef, wo ist denn deine Frau und das kleine Kind?"
Das war der Mutter aufs äußerste peinlich. Sie nahm ihre Tochter am Arm und zog sie fort. Dabei sagte sie noch:
„Entschuldigen S´ bitte, das Kind weiß nicht was es sagt, entschuldigen S´ vielmals."
Damit zog sie das Mädchen eilig fort. Der Wanderer konnte gar nichts antworten, so schnell lief die Frau mit dem Mädchen davon.
Ich ging zu ihm hinüber.
„Grüß Gott, Bruder im Herrn. Wo kommst du denn her?"
„Heute komm ich von Weidental, losgegangen bin ich in Einsiedeln. Grüß Gott, Bruder."
„Ich glaube, ich weiß, warum das Mädel dich das gefragt hat. Das ist eine ganz lustige Geschichte. Willst sie hören?"
„Ja, Geschichten hör ich immer gern – wenn du Zeit hast."
„Der Tag ist fei noch sechs Stunden lang. Du hast bestimmt einen guten Hunger und gewiss einen daamischen Durst."
„Ja, schon."
Dann saßen wir beim Löwen im Biergarten unter den großen alten Linden und bei einer zünftigen Brotzeit und einer Maß erzählte ich ihm die Geschichte.
"Letztes Weihnachten wars, da sollte das Krippenspiel aufgeführt werden. Aber nicht in der Kirche, sondern droben am Waldrand bei der alten Scheune vom Weigand-Bauern. Am

späten Nachmittag gingen wir alle zusammen von der Kirche aus den Berg hinauf zu der Scheune. Es hatte wieder geschneit, ein kalter Wind wehte und wir mussten uns gut warm anziehen. Als wir oben ankommen, können wir schon aus einiger Entfernung durch die Bäume hindurch links von der Scheune ein Feuer sehen, um das ein paar Männer sitzen. Das Tor der kleinen Scheune ist geschlossen und wir bleiben in einigem Abstand davor stehen. Die Kinder laufen herum und bewerfen sich mit Schnee. Ja, und da ist auch das kleine Mädchen dabei.
In der Nähe des Feuers steht ein alter Bauwagen und da drinnen beginnt es plötzlich zu poltern und zu klopfen. Eine Stimme ruft: „Ich krieg die Tür nicht auf!" und einer von den Männern am Feuer geht hin und reißt die Tür von außen mit einem kräftigen Ruck auf. Heraus kommt eine leuchtendweiße Engelsgestalt mit goldenem Haar und goldenen Flügeln und einem Gesicht, das nicht wie das eines Verkünders aussieht.
Der Engel geht zu den Männern am Feuer und ruft: „Fürchtet euch nicht!"
Da schaltet jemand einen Scheinwerfer ein, der unter dem Dach der Scheune hängt und den Engel anstrahlen soll. Aber die Lampe zerplatzt gleich mit einem lauten Knall.
„Das steht aber nicht im Drehbuch", sagt neben mir einer grinsend.
Das Krippenspiel beginnt und die Kinder werden vorne hingestellt, damit sie alles gut sehen können.
Der Engel des Herrn verkündet seine Botschaft nun eben im Schein des Feuers, die Hirten verstehen sie trotzdem und er kann sich wieder in den Bauwagen zurückziehen. Die Hirten gucken ihm verdutzt hinterher und beschließen dann, nachzuschauen, obs stimmt, was er erzählt hat. Sie stehen auf, rollen schnell ihre Iso-Matten zusammen, wo sie drauf gesessen haben, und laufen hinter die Scheune.
Da kommt auch der Engel wieder. Er trägt jetzt eine lange Stange in der Hand mit einem leuchtenden Stern an der Spitze und geht auch hinter die Scheune. Gleich darauf kommt er auf der anderen Seite wieder hervor. An der Ecke bleibt er stehen und wartet, bis die Hirten ihm – eigentlich ja dem Stern – folgen.

Ja, und da kommen sie auch schon und haben sogar richtige Schafe bei sich. Der Engel geht mit dem Stern weiter und öffnet beide Flügel des Scheunentores.

Drinnen hängen drei Stallaternen von der Decke herunter und beleuchten Maria und Josef an der Krippe und den Esel im Hintergrund. Die Leute draußen recken die Hälse bis sie sehen, dass sich der Ochs an der Seite hingelegt hat. Alles ist echt, bis auf das Jesus-Kindl in der Kripp'n. Da haben sie doch lieber eine Puppe hineingelegt.

Inzwischen sind auch die Hirten vor dem Tor angekommen. Da sind die Schafe nun nicht mehr zu halten und laufen in die Scheune hinein zum Heu. Das schmeckt ihnen scheinbar recht gut, denn anstatt zu erzählen, was der Engel ihnen gesagt hat, haben die Hirten Mühe, ihre Schafe wieder herauszuholen und zum Stall auf der anderen Seite der Scheune zu bringen. Dabei sind Töne zu hören, die gar nicht nach himmlischer Sphärenmusik klingen, sondern nach einem Mobiltelefon, das bei einem der Hirten unter dem Gewand läutet.

Dem Ochsen gefällt die ganze Sache scheinbar nicht so sehr. Er steht auf und trottet zum Scheunentor hinaus, an den Leuten vorbei in Richtung Dorf.

„Die find ihr'n Stall scho", ruft der Hackl-Bauer, denn der Ochse ist ganz offensichtlich eine Kuh.

Maria und Josef stehen im Stall und betrachten ihr Kind. Maria heißt wirklich Maria und wohnt bei mir im Nachbarhaus. Der Josef heißt Thomas, dürfte diesem Namen heute aber keine Ehre machen. Irgendwie kommen sie mir dicker vor als sonst. Wahrscheinlich sind sie unter ihren langen Kleidern schön warm eingepackt. Der Josef trägt Handschuhe und hält sich an einem Stock fest, Maria hat die Hände in die weiten Ärmel ihres blauen Gewandes gesteckt. Sie hat übrigens darauf bestanden, dass sie ihre Katze mit in den Stall nehmen darf. Die liegt in einem Korb auf einem Holzstoß in der Ecke.

Da fällt mir auf, dass Maria gar nicht mehr mit verklärter Miene auf ihr Kindl schaut. Sie hat jetzt eher einen erschreckten, ängstlichen Ausdruck im Gesicht. Ich folge ihrem Blick in Richtung Heuschober – da bewegt sich etwas. Ich schaue zur Katze

hin – die blickt in die selbe Richtung und sitzt sprungbereit auf dem Holzstapel. Ich schaue wieder zum Heuschober und sehe eine Maus. Da ist auch schon die Katze mit zwei Sätzen da und springt auf die Maus. Die kann fliehen und rennt unter die Krippe mit dem Jesus-Kind. Maria springt mit einem hellen Schrei zur Seite, Josef versucht, die Katze zu fangen. Bei den Zuschauern reißt sich ein Hund los und saust mit lautem Gebell in den Stall hinein. Die Katze faucht und gibt ihm mit der Tatze eins auf die Schnauze. Während der Hund laut aufjault, nutzt die Maus die Gelegenheit und rennt dem Esel zwischen die Hufe, Hund und Katz hinterher. Wer wen jagt, ist jetzt nicht mehr so ganz klar. Jedenfalls springt der Esel mit lautem Schrei davon, der Hund kläffend hinterher, die Katze folgt der Maus in den Heuhaufen, irgendwo ist nur noch ihr Schwanz zu sehen.
Auf alle Fälle haben die Leute vor dem Stall ihren Spaß dabei. Zwei von den Hirten fangen Hund und Esel wieder ein, bringen sie an ihre Plätze zurück und langsam beruhigt sich alles wieder. Trotzdem, irgendwie scheint das Konzept verloren gegangen zu sein. Maria und Josef schauen zum Scheunentor hinaus, als ob sie auf etwas warten würden. Inzwischen ist es schon dunkel geworden. Nur aus dem Stall fällt Licht auf den Schnee vor der

Scheune, das Feuer der Hirten flackert noch ein wenig und im Bauwagen daneben scheint auch eine Laterne zu brennen.
Da geht einer der Hirten zu dem Wagen, macht die Tür auf und ruft im Flüsterton, aber gut hörbar, hinein:
„Jetzt kommts endlich raus, ihr Deppen!"
Drinnen sitzen der Engel und noch drei andere um eine Kiste herum. Die drei bunten Gestalten werfen ihre Spielkarten auf die Kiste, springen auf und rennen zum Stall. Zur Erheiterung der Zuschauer. Sie hätten sich die heiligen drei Könige wohl schon ein wenig würdevoller daherschreitend vorgestellt.
Nachdem die ersten beiden ihr schön in Glanzpapier eingewickeltes Päckchen überreicht haben, legt der dritte etwas in Zeitungspapier Eingepacktes vor die Krippe und sagt verlegen:
„Da, nehmts des so lang. Mein Geschenk liegt im Pfarrhaus, das war aber schon zugesperrt."
Dann ist das Krippenspiel auch ziemlich bald zu Ende. Der Josef setzt die Maria auf den Esel, nimmt wieder seinen Stock und führt beide zum Tor hinaus. Das Tier merkt wohl, dass es nun wieder zum heimischen Stall geht und stapft eilig davon. Die Schauspieler folgen ihm und dann die Zuschauer. Die Katze liegt wieder im Korb und darf auf dem Esel mitreiten. Keiner nimmts dem Grauen übel, dass er in leichten Trab verfällt. Es ist doch ganz schön kalt geworden.
Der Weigand-Bauer löscht noch das Feuer und die Laternen aus und verschließt das Scheunentor. Als er dann auch in den Löwen kommt, sitzen sie schon alle beim heißen Punsch. Der Engel hat die großen Flügel abgelegt, weil sonst hätte er an der Theke stehen bleiben müssen und ordentlich durchgefroren sind's schließlich alle."
„Ja, das ist ja wirklich eine lustige Geschichte."
„Warts nur ab, Bruder im Herrn, die Geschichte hat nämlich noch ein Nachspiel."
„Na da bin ich aber gespannt."
"Am nächsten Tag, das ist der vierte Advent, sitzen's fei all in der Kirchn drin – auch das kleine Mädchen und seine Mutter sind da. Ganz vorn an der Seite in der ersten Reihe sind's und das Mädchen sitzt vor der Mutter auf dem Gebetsbänkchen.

Altar und Chorraum sind schön geschmückt und links davon steht ein großer Christbaum mit vielen elektrischen Kerzen. Gut duftets nach Weihrauch und frischem Tannengrün.
Die Messe beginnt, die Orgel spielt ein Stück, die Gemeinde singt ein Lied und unsere Saitenmusik stimmt besinnlich auf die Weihnacht ein. Der Pfarrer will eben mit dem Gottesdienst weiter machen, da zeigt das Mädel unter den Christbaum und ruft laut:
„Guck mal, Mami, da ist ja das Jesus-Kindl! Ganz alleine ist's vom Stall herunter in d' Kirchn kommen."

Julia und das Christkind

Es war einmal vor langer Zeit ... Mit diesen Worten beginnt wohl fast jedes Märchen. Die Geschichte, die ich jetzt erzählen möchte, liegt zwar noch nicht ganz so weit zurück wie die Märchen, in denen es verwunschene Prinzen, Feen, Hexen und böse Drachen gibt, doch einiges wird euch bestimmt recht märchenhaft erscheinen. Die Geschichte handelt von einem Großvater und einem kleinen Mädchen und hat sich einmal zur Weihnachtszeit begeben. Zu jener Zeit nämlich lebten wir alle zusammen auf dem Hofe des Großvaters. Die Großeltern, deren Kinder und wiederum deren Kinder. Das Gut lag ein Stück abseits des Dorfes und war in jenem Winter dick in Schnee eingehüllt.
Endlich war die Adventszeit gekommen, auf die sich die großen und die kleinen Kinder so sehr gefreut haben. Und nun, drei Tage vor dem Heiligen Abend, war die Aufregung besonders groß. Alle freuten sich riesig auf das, was nun kommen mochte. Der Christbaum sollte aus dem Wald geholt werden. Das war nämlich immer ein ganz besonderes Ereignis.
Selbstverständlich war das Sache des Großvaters. Aber eins der Kinder durfte ihn dabei begleiten, wenn er auf Skiern und mit dem Schlitten in den Wald fuhr. Es war jedoch immer ein großes Geheimnis, wer mitgehen durfte. Christoph machte sich

nichts aus alledem, schließlich war er im letzten Jahr dabei gewesen. Nur war er neugierig auf die Erlebnisse, von denen der Großvater hinterher erzählen würde.

Nun war der geheimnisvolle Augenblick gekommen und draußen stand schon der große Schlitten für den Weihnachtsbaum bereit. Gerade wurde ein Sack mit der Axt und der Säge darauf festgebunden. Drinnen an den Fenstern warteten die Kinder und drückten ihre Nasen gegen die kalten Scheiben. Die Aufregung konnte nun kaum noch größer sein. Wer ist der Glückliche? Wer darf mit hinaus, den Christbaum holen? Sie wurden immer zappeliger. Liefen hin und her, fragten die Mutter. Niemand verriet etwas.

Der Großvater holt aus einem Schuppen noch einen kleineren Schlitten heraus. Kommt, öffnet die schwere Haustür und ruft in den Flur hinein, in dem sich die Kinderschar jetzt versammelt hat: "Julia!" Augenblicklich ertönt ein lautes Freudengeschrei und will nicht mehr enden. Jedes Kind freut sich, als ob sein eigener Name gerufen worden wäre. Julia strahlt aus purem Glück. Sie steht stumm zwischen den anderen, bringt vor Freude kein Wort über die Lippen und hat Freudentränen in den Augen. In ihrem Kopf verwirren sich die Gedanken und immer wieder hört sie ihren Namen, Julia, Julia.

Dass sie in diesem Jahr ausgewählt worden war. Im nächsten Jahr würde sie vielleicht gar nicht zu Hause sein. Im Sommer sollte sie nämlich weit fort in eine große fremde Stadt und dort zur Schule gehen. Julia konnte, seit sie zwei Jahre alt war, nichts sehen und freute sich sehr darauf, endlich wie die älteren Geschwister die Schule besuchen zu können.
Damit es schneller ging, zog die Mutter ihr rasch Mantel, Stiefel und Handschuhe an. Die kleine Julia wurde in warme Decken eingepackt, in den Hörnerschlitten mit der Lehne gesetzt und los ging die Fahrt.
Vor dem Hoftor empfing die beiden herrliches Winterwetter. Strahlend blauer Himmel wölbte sich über dem hügeligen Land und die Sonne neigte sich bereits nach Westen. Lange Schatten und das bald aufleuchtende Farbenspiel in zartem Blau und Rosa, Türkis und tiefem Violett verzauberten diese Winterlandschaft in ein Märchenland. Licht und Farben verwandelten Wald und Flur, Büsche und Bäume und den Bach zu ganz neuen Formen und Gestalten. Großvaters Phantasie regte solche Pracht und Schönheit in besonderem Maße an. Vor seinen Augen entstand eine völlig verzauberte Welt. Am Abend erzählte er dann zu Hause, was ihm alles begegnet war: Riesen und Zwerge, Kobolde und Gnome, Elfen und Geister. Er erzählte so beeindruckend, dass seine Begleiter glaubten, diese Wesen auch gesehen zu haben.
Heute war das aber anders. Er beschrieb der Kleinen die Spuren, die ihren Weg kreuzten, welche der Zauberwesen sie hinterlassen hatten. Er beschrieb ihr ganz genau, wo er eine dieser Gestalten entdeckt hatte. Erzählte ihr, hinter welchem Bäumchen ein Zwerg, Kobold oder Gnom hervor schaute oder wo im Wald ein Riese stand. Er beschrieb ihr auch, wie sie gekleidet waren. Denn mit dem Licht veränderten sie sich und hatten auf einmal rote, blaue oder grüne Mäntel an.
Wenn irgendwo in der untergehenden Sonne Eiskristalle aufblitzten, flüsterte er dem Mädchen zu: "Der unsichtbare Zauberer geht um. Alles, was er mit seinem Zauberstab berührt, verwandelt sich sofort mit einem hellen Blitz in ein neues Wesen."
Dabei wurde dem Mädchen in dem Schlitten doch ein bisschen

unheimlich zumute. Wenn er sie nun verwandeln würde, vielleicht in Rotkäppchen. Sie hat doch Angst vor dem bösen Wolf. Nur die Feen sind sehr scheu. Der Großvater sagte, man müsse schon großes Glück haben, um einmal eine von fern beobachten zu können. Erkannte Julia Geräusche oder Laute nicht, fragte sie den Großvater und der erklärte es ihr dann. Seltsamerweise gibt es heute keine Tiere im Wald. Sonst bekam man immer Eichhörnchen, Hasen, Rehe oder im Hochwald Hirsche zu Gesicht. Aber an diesem Tag war alles verzaubert.
Während sie so erzählten, erreichten die beiden die Schonung, aus der der Großvater den Christbaum holen wollte. Er schnallte die Skier ab und löste den Sack mit der Axt und der Säge vom alten Schlitten und stapfte durch den hohen Schnee in den Wald hinein. Zuvor schob er Julia die Wollmütze mit dem dicken Bommel ein Stück tiefer in die Stirn und sagte, sie müsse sich nicht fürchten. Ein guter Geist würde schon auf sie aufpassen.
Da saß sie nun, die kleine Julia, warm in Decken eingepackt. Sie lauschte aufmerksam auf jedes Geräusch und strengte und strengte sich an. Nichts sollte ihr entgehen. Sie hörte die Zwerge, wie sie Holz schlugen im tiefen Wald. In den Wipfeln der hohen Bäume summten und sangen leise die Elfen. Ein lieblicher, schöner Gesang. Gundula, die Magd, dachte Julia für sich, kann auch manch schönes Lied singen, aber die Elfen singen viel schöner. Julia erschrak. Was war das? Ein ungewöhnlicher Hauch hatte ihr Gesicht berührt. Die Elfen über ihr sangen in noch höheren Tönen eine noch schönere Melodie. Etwas ganz Ungewöhnliches musste geschehen sein. Sie überlegte. Eine Fee! Ja, eine Fee musste soeben vorbei gezogen sein. Freude erfüllte das kleine Mädchen. Sie blieb aber ganz still, um die Fee nicht zu erschrecken. Sie dachte an die Worte des Großvaters und machte sich selbst einen Reim auf alles, was um sie herum geschah. Das war schön und es gefiel ihr.
Plötzlich hörte Julia hinter sich Schritte aus der Schonung heraus treten und dachte, es sei der Großvater. Sie wollte schon nach ihm rufen, hielt aber inne. Das waren andere Schritte. Sie blieb ganz ruhig sitzen, wartete ab. Sachte kamen die Schritte

im knirschenden Schnee näher und blieben hinter ihr stehen. Julia saß völlig bewegungslos und hielt den Atem an. Was ist denn das nun wieder? Ist das vielleicht der Zauberer? Ihr kleines Herz begann zu klopfen. Da hörte sie dicht neben ihrem linken Ohr ein leises Schnuffeln, so wie sie es von Fleck, dem Hofhund her kannte. Jetzt noch einmal. Und sie spürte ein vorsichtiges Zupfen an der Decke. Was mag das sein? Vielleicht – aber das kann doch nicht wahr sein. Das rätselhafte Wesen lief weiter und seine Schritte verloren sich bald im hohen Wald. Sie überlegte. Doch! Das kann nur das Christkind gewesen sein, das an ihr geschnuffelt hatte. Da gab es gar keinen Zweifel. Die Freude schlug Purzelbäume in dem kleinen Mädchen. Etwas Schöneres hätte sie gar nicht erleben können. Das Christkind war bei ihr gewesen, es hatte an ihr geschnuffelt. Für Julia war das Glück vollkommen.

Nach einiger Zeit kam auch der Großvater zurück und schleppte den Weihnachtsbaum hinter sich her. Ja, das ist er. Diese Schritte sind ganz anders. "Großvater!" rief sie aufgeregt, "Großvater! Das Christkind war hier und hat an mir geschnuffelt!" "Wie bitte? Wer war hier?" Das war sogar ihm zu ungeheuerlich. "Vielleicht war es das Reh, welches ich da drin aufgestöbert habe." "Nein, es war das Christkind." Julia beteuerte so heftig, dass das Christkind schon auf dem Weg zum Dorf sei, dass er es wohl glauben musste.

Der Großvater richtete sein Gespann für die Heimfahrt und brummte dabei vor sich hin: "Na so was, ob uns das jemand glaubt zu Hause." Beide sprachen nur wenig unterwegs. Sie hingen ihren Gedanken nach und immer wieder flog ein frohes Schmunzeln über das Gesicht des alten Mannes. Auch das kleine Mädchen beruhigte sich langsam wieder. Es träumte voller Seligkeit vom Christkind und vom Weihnachtsfest, wenn über dem Haus eine geheimnisvolle Stimmung liegt. Wenn die Räume erfüllt sind vom Duft der Bratäpfel und Bäckereien, Wachslichter und Räucherkerzchen und vor allem dem frischen Duft des Tannenbaumes. Julia dachte an die leckeren Naschereien, Geschenke und frohe Lieder. Still für sich sagte sie das Gedicht auf, das sie extra für die Bescherung gelernt hatte.

Inzwischen war es Nacht geworden. Es sollte eine kalte, frostklare Winternacht werden. Viele Sterne funkelten am Himmel, besonders hell leuchtete der Nordstern. Bald würde der Mond das winterliche Land mit seinem silbernen Licht übergießen. Diese zauberhafte Nacht scheint ein Wunder offenbaren zu wollen – das Wunder der Weihnacht.

Der Zauberschlitten

Wunderschön steht der Winterwald da, die Bäume sind so voller Schnee, dass sich die Äste tief zum Boden neigen. Manchmal blitzt irgendwo ein Eiskristall auf und es herrscht eine geheimnisvolle Stille. Karoline staunt über diese Pracht und läuft langsam den Waldweg entlang. Sie kommt sich vor wie in einem Märchenwald.
Die Eltern haben Karoline erlaubt, noch ein bisschen Schlittenfahren zu gehen, damit sie in Ruhe den Weihnachtsabend und die Bescherung vorbereiten können. Sie ist ganz allein draußen, die anderen Kinder sind alle zu Hause und so will Karoline die Gelegenheit nutzen und einmal mit ihrem Schlitten über die Sprungschanze fahren. Auf der langen Wiese am Berg haben die größeren Jungs eine kleine Sprungschanze gebaut. Da darf man aber nur mit Skiern drüber fahren und kann dann toll durch die Luft springen. Karoline kann aber noch nicht Ski fahren.
An der Stelle, wo die Jungs immer abfahren um Anlauf zum Springen zu nehmen, setzt sie sich auf ihren Schlitten. Karoline hat einen schönen alten Hörnerschlitten aus Holz und mag ihn sehr. Sie hält sich mit beiden Händen an den Hörnern fest, gibt mit den Füßen Schwung und ruft: „Los!" Sie flitzen den Hang hinunter auf die Sprungschanze zu und als sie über den kleinen Schanzentisch sausen ruft Karoline: „Flieg!"
Das Mädchen weiß erst einmal gar nicht, was los ist. Denn der Schlitten landet nicht nach ein paar Metern wieder im Schnee,

sondern fliegt weiter, immer weiter. Zuerst wundert sie sich ein wenig, aber dann gefällt Karoline der Flug auf dem Schlitten. Der Schlitten fliegt zum Dorf, über die Häuser und Straßen, Gärten und Plätze, Wiesen und Wälder. Uii, war das knapp! Gerade sind sie ganz dicht über einen Schornstein hinweggeflogen. In einigen Fenstern brennt schon Licht, dort kann das Mädchen die Menschen sehen. Manche sind eifrig beschäftigt, manche sitzen ruhig vor einer Kerze oder haben ein Buch in der Hand. Aber niemand scheint sie zu bemerken.
Der Schlitten fliegt jetzt langsam am Rande des Dorfes entlang, Karoline hält sich mit beiden Händen an seinen Hörnern fest. Auf einmal hört sie irgendwo jemanden weinen. Der Schlitten zieht einen Bogen und landet auf einem zugefrorenen Teich. Am Ufer unter hohen Bäumen steht ein kleiner Junge im Schnee.
„Wer bist du? Warum weinst du so sehr?"
„Ich bin der Bertl. Ich habe mir ein kleines Holzpferdchen zu Weihnachten gewünscht, aber meine Mutter hat gesagt, ich soll froh sein, wenn wir etwas zu essen haben." Der kleine Junge weint noch mehr.
„Komm, steig auf."

Karoline fasst mit beiden Händen an die Hörner des Schlittens, der gleich mit den beiden Kindern fort fliegt. Er landet auf der Dorfstraße vor dem Haus eines Holzschnitzers. In seinem Fenster hat der Bertl immer wieder das Holzpferdchen betrachtet, das ihm so gut gefällt.
Das Mädchen hält sich an den Hörnern des Schlittens fest und sie verschwinden im dichten Schneetreiben.
„Danke, Christkind," murmelt der Junge. Er steht im Schnee und schaut in das warme Licht des Fensters, hinter dem der Holzschnitzer immer arbeitet und ihn jetzt ins Haus winkt.
Nachdem sie eine Weile durch das Schneetreiben geflogen sind, hört Karoline von unten her ein ganz klägliches Schnattern. Der Schlitten setzt auch schon zu einer steilen Landung an. In einem Hof kommen sie vor einem Stall zum Stehen. Durch die offene Tür sieht Karoline eine Gans, die den Kopf unter einen Flügel gesteckt hat und zum Erbarmen jammert.
„Wer Bist du? Warum jammerst du so sehr?"
„Ich bin Schnatter. Die ganze Zeit waren sie gut zu mir, haben mich sogar gestreichelt und jetzt wollen sie mich schlachten und essen. Gleich werden sie mich töten."
„Schnell, steig auf!"
Karoline fasst den Schlitten mit beiden Händen fest an den Hörnern und der startet fast senkrecht empor und fliegt schnell bis in die Wolken hinauf.
Es dauert eine ganze Weile, aber dann schwebt der Schlitten wieder zum Boden und landet sachte auf einem Bauernhof. Der alte Bauer Josef ist bekannt dafür, dass er kranke und verletzte Tiere wieder gesund pflegt, er wird bestimmt auch die arme Gans bei sich aufnehmen.
Das freudige Schnattern und Flügelschlagen soll wohl „danke, Christkind" heißen, aber Karoline hält sich schon wieder mit beiden Händen an den Hörnern des Schlittens fest und sie fliegen rasch davon.
„Hej du, das sind ja wundersame Dinge, die wir da machen. Gibt's noch mehr zu tun? Das ist schön!" Karoline schaut neugierig hinunter auf das verschneite Dorf.
Der Schlitten antwortet mit einem leichten Schaukeln und be-

schleunigt seine Geschwindigkeit. Das Mädchen zieht sich die Wollmütze tiefer in die Stirn und hält sich an den Hörnern des Schlittens noch ein bisschen fester, ihr Schal flattert im Wind. Sie fliegen geradewegs in Richtung Stadt, immer geradeaus, über Wiesen und Felder, Wälder, einen Fluss, Straßen und einzelne Gehöfte. Offensichtlich hat der Schlitten es jetzt ziemlich eilig, die Dämmerung schreitet rasch voran. In immer mehr Fenstern kann Karoline brennende Kerzen auf Leuchtern und an Weihnachtsbäumen sehen.

An einem alten Haus am Stadtrand landet der Schlitten direkt auf dem Fensterbrett an einer Dachgaube. Karoline wundert sich über nichts mehr, sie traut ihrem Schlitten die ungewöhnlichsten Fähigkeiten zu.

Drinnen steht eine junge Frau und schaut traurig zum Fenster hinaus. Sie hält einen Brief in der Hand.

„Wer bist du? Warum bist du so sehr traurig?"

„Ich bin Irene. Mein kleiner Felix wünscht sich zu Weihnachten einen Papa, weil die anderen Kinder alle einen haben."

„Gibst du mir den Wunschzettel bitte?"

Karoline steckt den Brief sorgfältig in die Tasche, fasst ihren Schlitten mit beiden Händen an den Hörnern und schon sausen sie davon.

Bald darauf landet der Schlitten in einer anderen Straße ganz knapp vor einem Mann beim Schneeräumen. Karoline reicht ihm den Wunschzettel und der junge Mann liest ihn gleich.

„Schön, da freue ich mich drauf - danke, Christkind!" ruft er lachend.

Aber Karoline hält sich schon wieder mit beiden Händen an den Hörnern des Schlittens fest und sie sind kaum noch zu sehen.

Jetzt aber schnell nach Hause. Inzwischen ist es dunkel geworden und die Eltern warten bestimmt schon auf sie. Karoline freut sich, ist glücklich und zufrieden. Liebevoll streichelt sie mit einer Hand ihren Schlitten. Was der ihr heute, am Weihnachtsabend, für wunderschöne Erlebnisse beschert hat, hätte sie sich im Traum nicht vorstellen können.

Auf dem Weihnachtsberg

Eines nachts, es war so in der Adventszeit, hörte Julia plötzlich ihren Namen rufen.
„Julia – Julia – wach auf!" rief jemand leise, aber so laut, dass sie es deutlich hören konnte.
Zuerst erschrak Julia und bekam Herzklopfen, dann dachte sie, der Teddy habe sie gerufen. Vielleicht friert er und will unter die Bettdecke oder er hat etwas geträumt. Der Teddy lag aber ganz ruhig neben ihrem Kopfkissen und schlief.
„Julia, komm doch!" rief die Stimme wieder.
Das Mädchen richtete sich im Bett auf und schaute im dunklen Zimmer umher und dann erschrak sie erst richtig. Vor ihrem Bett stand ein kleines Männchen. Es war so klein, dass es kaum bis an die Bettkante reichte, und sah ganz ulkig aus. Das Männchen trug einen weiten Umhang und eine hohe, spitze Mütze. Beides in bunten, schillernden Farben, die sich ständig veränderten, und in der rechten Hand hielt es einen dünnen Stab.
„Wer bist du? Was willst du hier?" fragte Julia das Männchen.
„Ich bin Kolberan, der Zauberer. Komm mit, ich zeige dir den Weihnachtsberg."
„Auf den Weihnachtsberg? Jetzt, mitten in der Nacht? Die Haustür ist doch zugeschlossen. Wie bist du überhaupt herein gekommen?"
„Ich bin Kolberan, der große Zauberer. Willst du nicht mit auf den Weihnachtsberg gehen?"
Ja, doch, das wollte Julia schon. Der Weihnachtsberg gefiel ihr sehr, sie war ganz fasziniert von dieser schönen kleinen Welt.
Vor ein paar Tagen war in ihrer Schule ein großer Weihnachtsberg aufgebaut worden und die Kinder durften die kleinen Häuschen, Tiere und Bäumchen sogar sachte anfassen. Julia war ganz begeistert davon.
Kolberan der Zauberer drängelte und Julia stand noch etwas zögernd auf.
„Wie kommen wir denn dort hin, ich bin doch viel zu groß?" fragte sie.
Der Zauberer berührte sie mit dem Zauberstab und plötzlich

war Julia genau so groß wie er. Dann berührte Kolberan die Türen mit dem Zauberstab und sie öffneten sich völlig geräuschlos, sogar die schwere Haustür, die eigentlich immer laut knarrte und quietschte.
Draußen nahm der Zauberer das Mädchen bei der Hand und sie liefen in den Garten bis zu einer großen Schneewehe. Dort blieben sie stehen, der Zauberer murmelte einen Spruch vor sich hin und berührte die Schneewehe mit dem Zauberstab. Langsam und lautlos öffnete sich eine Tür. Der Zauberer und das Mädchen traten in einen Gang aus Schnee und Eis ein. Überall funkelte und glitzerte das Eis, leuchtete in bunten Farben auf wie Diamanten. So etwas wunderschönes hätte sich Julia nicht vorstellen können. Sie konnte nur sprachlos schauen und staunen. Je weiter sie in den Eisgang hinein liefen, um so mehr leuchteten bunte Diamanten, feuerrote Rubine oder funkelnde Kristalle um sie herum auf. Julia kam es vor, als liefe sie mitten durch eine Schatzkammer.
Am Ende des unterirdischen Ganges öffnete Kolberan der Zauberer wieder eine Tür und sie traten ins Freie.
„Wir sind da", sagte Kolberan.
Wenn wir jetzt auf dem Weihnachtsberg sind, überlegte Julia, müssen wir ja noch kleiner geworden sein. Sie standen auf einer Lichtung im Wald und alles hatte so seine richtige, ganz normale Größe.
Eine offene Kutsche mit zwei braunen Pferden wartete schon auf sie und fuhr gleich los, nachdem der Zauberer und das Mädchen eingestiegen waren. Die Pferde trabten aus dem Wald hinaus zum Dorf hin. Unterwegs sahen sie Kühe auf der Weide, einen Schäfer mit seiner Herde und Bauern bei der Arbeit auf dem Feld. Ein Fuhrwerk kam ihnen entgegen und an einem Bahnübergang mussten sie warten, bis die kleine Eisenbahn vorbeigefahren war.
„Kolberan, warum ist hier Sommer? Wir haben doch Winter."
„Auf dem Weihnachtsberg ist das alles ein bisschen anders. Das ist eine Märchenwelt."
Irgendwie konnte Julia das alles nicht so richtig verstehen. Alles um sie herum sah wirklich fast genau so aus, wie sie es auf dem

Weihnachtsberg in der Schule gesehen hatte. Und jetzt war sie mitten drin, fuhr mit der Pferdekutsche die Dorfstraße entlang und die Leute grüßten sie und winkten ihr zu. Julia konnte sehen, wie die Menschen ihrer Arbeit nachgingen, wie jemand Holz hackte, sie konnte es sogar hören, wenn der Schmied mit dem Hammer auf den Amboss schlug. Sie sah, wie Hühner nach Körnern pickten, und hörte einen Hahn krähen, der auf einem Misthaufen stand. Sogar ein Bach plätscherte neben der Straße entlang. Alles war ganz lebendig.
Das Mädchen erschrak. Wo ist Kolberan der Zauberer? Ist er etwa aus der Kutsche gefallen? Er war nicht mehr da.
„Kolberan," rief sie, „wo bist du?"
„Ist doch alles in Ordnung," hörte sie seine Stimme, „ich habe mich nur ein bisschen unsichtbar gemacht." Dabei spürte Julia, wie er ihre Hand berührte, und war beruhigt.
Auf dem Marktplatz hielt die Kutsche vor der Kirche an. Leute standen da und schauten zum Glockenspiel hinauf. Auch Julia sah, wie sich die Figuren bewegten, und hörte die Melodie des Glockenspiels. Alles wirkte ganz natürlich und echt.

„Sind wir wirklich auf dem Weihnachtsberg, Kolberan?" fragte Julia leise.
„Ja – aber tu so, als ob ich gar nicht da wäre," flüsterte Kolberan zurück. Denn er war immer noch unsichtbar.
Dann begann plötzlich die Musikkapelle zu spielen. Julia konnte sehen, wie die Musiker ihre Instrumente bewegten, und hörte richtige Musik. Am Ende des Liedes trat ein Mann aus einem Haus heraus und rief:
„Hört, ihr Leute, hört - wir haben hohen Besuch in unserem Dorf, Julia ist da! Wir heißen dich herzlich willkommen!"
Julia war ganz verlegen, als sie das hörte, und winkte den Leuten zu. Diese lachten, riefen ihren Namen und winkten freundlich zurück.
Dann fuhr die Kutsche weiter, an der Mühle vorbei bis zum Eingang des Bergwerks. Sie stiegen aus, Kolberan der Zauberer hatte sich jetzt wieder sichtbar gemacht.
Aus dem Stollen schoben Bergmänner kleine Loren heraus, die schwer beladen waren mit glitzerndem Erz. Der Zauberer nahm das Mädchen wieder an der Hand und sie gingen in den Stollen hinein. Irgendwo bogen sie in einen anderen Gang ab und standen plötzlich vor einem Geländer. Dahinter sahen sie in ein großes, hohes, tiefes und weites Gewölbe hinein. In dem Gewölbe arbeiteten große Motoren und Dampfmaschinen, eine Unzahl großer und kleiner Räder drehten sich, Antriebsriemen schnurrten kreuz und quer durch die Halle, da waren Ketten und Zahnräder, Hebel und Ventile und alles bewegte sich, langsam oder schnell.
„Das ist der Antrieb des Weihnachtsberges," erklärte Kolberan der Zauberer, „von hier aus wird alles bewegt."
Das Mädchen schaute und staunte. Um etwas zu fragen, war es viel zu laut. Die mächtigen Motoren und Maschinen machten einen gewaltigen Krach.
Während Julia sich schon die Ohren zuhalten wollte, hörte sie ein Geräusch, das ihr irgendwie bekannt vorkam. Immer lauter und deutlicher wurde dieses Geräusch und bald hörte Julia nur noch dieses Rattern. Sie schaute sich um. Ja, es war ihr Wecker und die Zeiger standen so, wie wenn sie aufstehen musste. Julia

staunte und blickte verwundert um sich.
„Ja – ich bin ja in meinem Bett, in meinem Zimmer," sagte sie leise.
Aber plötzlich verstand Julia gar nichts mehr. Neben ihrem Kopfkissen saß der Teddy und hielt eine glitzernde, in allen Farben funkelnde Kristallkugel zwischen seinen Tatzen.

Es schneit

alles ist weiß
komm -
Schneeküsse
sind so heiß –

Für'n Groschen Pfefferkuchen

So zehn, zwölf Jahre mag ich damals alt gewesen sein, hatte schon ein großes Fahrrad und Skifahren konnte ich auch schon. Das allerdings war nichts Besonderes. Denn im Erzgebirge, wo ich mit den Großeltern seinerzeit wohnte, gab es im Winter immer viel Schnee. Und sobald die Kinder laufen konnten, wurden sie auch schon auf die ersten kleinen Bretter gestellt. Aus Holz waren die Skier damals ja wirklich. Mit den Kindern wuchsen auch die Skier und wenn sie nicht zu Bruch gefahren worden sind, wurden die Bretter an kleinere Kinder weitergegeben. Ich hatte Glück. Selbst nach Skispringen mit richtig tollen Stürzen brachte ich meine Bretter immer wieder heil mit nach Hause.

Jedenfalls, so um den ersten Advent herum, fuhr ich jedes Jahr bis fast ans andere Ende des Dorfes zum Groß-Bäck, zum Bäcker Groß. Wenn Schnee lag natürlich mit den Skiern, damals konnte man auch auf der Straße damit fahren. Wenn kein Schnee lag, eben mit meinem knallroten Fahrrad.

Ich schnallte mir den Rucksack auf den Rücken und dann ging's ab. Zuerst in schneller Schussfahrt die Straße hinunter zum Dorf. Am liebsten machte ich den Weg zum Groß-Bäck, wenn die Dämmerung schon eingesetzt hatte, denn dann konnte ich im Vorbeifahren in vielen Fenstern die Bergmänner, Engel oder Schwippbogen mit den brennenden Kerzen sehen.

Den ersten Halt machte ich beim Horndreher. Seinen richtigen Namen hätte ich wahrscheinlich auch nicht gekannt, wenn nicht seine ältere Tochter, die Bärbel, mit mir in die Schule gegangen wäre. Horn drehte er auch nicht mehr, sondern Holz.

In seinem kleinen Schaufenster betrachtete ich eingehend die gedrechselten, ausgesägten oder geschnitzten Sachen.

Seine Spezialität waren die filigranen Spanbäumchen. Im Schaufenster standen zwar immer die selben Figuren, Tiere oder Pyramiden, aber ich betrachtete sie jedes Mal ganz genau, wenn ich dort vorbei kam.
Dann führte der Weg zum Groß-Bäck ein Stück weit am Fluss entlang. Da musste ich erst mal gucken, wie hoch das Wasser stand, ob er an bestimmten Stellen vielleicht schon zugefroren war oder ob Eisschollen auf dem Wasser trieben.
Manchmal musste ich am Bahnübergang warten, weil die Schranken zu waren. Die Dampfloks haben mich immer sehr beeindruckt. Natürlich kannte ich sämtliche Baureihen und Typen. Trotzdem überkam mich kleines Kerlchen doch ein leicht mulmiges Gefühl, wenn diese großen Ungetüme stampfend, fauchend und zischend gerade mal zwei Meter vor mir vorbei fuhren.
Gleich hinter dem Bahnübergang auf dem Platz vor der Post stand eine riesengroße Weihnachtspyramide. Die hatte auch der Horndreher gemacht. Dicke Balken bildeten das Gerüst, auf der Bühne standen lebensgroße Figuren und oben drüber drehte sich das Flügelrad. Ich brauchte ziemlich lange, bis ich herausfand, dass die Pyramide von einem versteckten Elektromotor bewegt wurde.
So, jetzt noch die Brücke über den Fluss mit dem wackligen Holzgeländer. Gleich dahinter rechts wohnte der alte Firtl-Lehrer in einem kleinen, baufällig wirkenden Haus. Ein komischer Kauz. Wenn er sich überhaupt mal sehen ließ, lief er in einem langen, kittelartigen Gewand herum, mit einer randlosen Kappe auf dem Kopf.
Links stand die Ruine der zerbombten und ausgebrannten Fabrik und fünfzig Meter weiter kam endlich der Laden vom Groß-Bäck. Meist warteten schon Leute im Laden und bis ich an der Reihe war, dauerte es sowieso eine Zeit lang, weil sich immer ein paar Erwachsene vordrängelten. In dem Fall war mir das gar nicht so unrecht, denn dadurch hatte ich ausgiebig Gelegenheit, die vielen Lebkuchenhäuschen hinter dem Glas und auf der Ladentheke zu bestaunen. Da standen große und kleine Pfefferkuchenhäuschen, einfache oder reich verzierte mit bunten Fens-

terläden, Schnee auf dem Dach und sogar mit Eiszapfen. Bei manchen der Häuschen stand ein Schneemann daneben und ganz toll gefiel es mir, wenn auf dem Dach ein Schornsteinfeger am Kamin stand.

„Was willst du denn haben?" riss mich der Bäcker aus meinen Betrachtungen.

„Für'n Groschen Pfefferkuchenreste." Dabei reichte ich den Rucksack über den Ladentisch.

Während der Bäcker in den Raum hinter dem Laden ging, schaute ich mir weiter die bunten Häuschen an. Eines der größeren war sogar von innen beleuchtet. Das zog meinen Blick immer wieder auf sich. Ich malte mir aus, wo ich so ein Lebkuchenhäuschen hinstellen würde, wenn ich eines mitnehmen dürfte. Aber daran brauchte ich gar nicht zu denken, die waren ja viel zu teuer.

„So, da ist dein Pfefferkuchen." Herr Groß gab mir den Rucksack prall gefüllt mit vier-, dreieckigen oder runden Stücken über den Ladentisch. Hätte ich nur einen Fünfer gehabt, wäre der Sack wahrscheinlich genauso voll gewesen. Mit einem letzten, wehmütigen Blick auf die schönen bunten Meisterwerke verließ ich den Laden wieder.

In dieser Nacht hatte ich einen seltsamen Traum. Meine Großeltern und ich wohnten in einem richtigen Pfefferkuchenhaus. Es war genauso bunt wie die beim Groß-Bäck und wir sahen genauso aus, wie die Figuren, die an manchen der Häuschen standen. Und der Essenkehrer, wie der Schornsteinfeger dort genannt wurde, war auch gerade auf dem Dach bei der Arbeit. Doch dann wachte ich plötzlich auf, erschrocken, mein Herz pochte wie wild. Ich schaute mich ängstlich um in der dunklen Kammer. Wie war ich erleichtert! Alles in Ordnung. Ich hatte nämlich heimlich begonnen, das Pfefferkuchenhaus von innen aufzuessen.

Falsch verbunden

"Was soll das denn jetzt?" Pfeffer legt ärgerlich mit einer energischen Bewegung sein Besteck auf die Serviette. Er und seine Gattin haben Gäste zu einem Weihnachtsessen geladen. Aus gegebenem Anlass sprachen sie gerade über die christliche Religion und ihre gesellschaftliche Bedeutung.
Vielleicht ist es Hartmut oder Viola, überlegt Pfeffer, während er zum Telefon in den Salon geht.
"Ja bitte?" fragend, erwartungsvoll klingt seine Stimme. Keine Antwort.
"Hallo!" ruft er lauter.
"Oh – ja – ent... ich glaube – Entschuldigung – ich glaube, ich habe mich verwählt. –" "Bitte." Pfeffer will schon auflegen, fragt aber doch noch, wen die Frau denn sprechen wolle, schließlich ist diese Telefonnummer nur wenigen Personen bekannt. Die Antwort kommt zögernd.
"Ja eigentlich – ich weiß nicht – darf ich Ihnen frohe Weihnachten wünschen?"

Pfeffer versteht. Mit dem Telefon in der Hand geht er in sein Arbeitszimmer. Der eigens für diesen Abend engagierte Koch schaut fragend aus der Küche heraus. Pfeffer nickt ihm im Vorbeigehen ein "Weitermachen" zu und ruft in das Speisezimmer hinein, dass er gleich wiederkomme. Die Gäste lassen sich nicht stören, etwas geschäftliches kann ja immer mal sein.

An anderen Tagen hätte Pfeffer sich diese Zeit nicht nehmen können. Sein Tagesablauf wird perfekt geplant und jedes Gespräch, jeder Vorgang gut vorbereitet. Er überlegt aber auch nicht, warum er sich auf dieses Telefonat einlässt.

In dem schwach von einer Schreibtischlampe erhellten Arbeitszim-

mer vergewissert sich Pfeffer mit einem Blick auf den Kalender des Datums – 24. Dezember. Er ermutigt die Frau am anderen Ende der Leitung: "Erzählen Sie mal, was machen Sie denn?"
So erfährt Pfeffer etwas von einer kleinen Wohnung in der Stadt, von einer Kerze auf einem Tisch und von einem Weihnachtsstollen, der etwas ganz Besonderes zu sein scheint. Die Unbekannte erzählt von ihrem Mann, der vor ein paar Jahren gestorben ist und von einem Sohn, der als Maler auf einer Insel in Griechenland lebt. Und von einer Katze erfährt Pfeffer, die lang ausgestreckt auf dem Sofa liegt und behaglich schnurrt, wenn sie gestreichelt wird.
Leise und wortlos stellt der Koch ein kleines Tablett mit einer Tasse Mokka vor Pfeffer auf den Tisch. Pfeffers Gedanken schweifen ab. Während sich jemand über ein Stück echten sächsischen Weihnachtsstollen freut, wird ihm und seinen Gästen ein exquisites Mahl aus erlesenen Zutaten und den für jeden Gang passenden Getränken serviert. Er denkt an die Tochter, die zum Ski fahren in Skandinavien ist und an den Sohn, der mit seiner Familie auf einem anderen Kontinent lebt. Pfeffer denkt auch an die neue Segelyacht, die seine Frau und er sich als Weihnachtsgeschenk gekauft haben.
Sein Blick hat den Raum verlassen und wandert über eine verschneite, mondsilberne Landschaft. Staunend und freudig angetan streift er über den Himmel, verweilt an einem helleren Stern und gleitet weiter zu den winzigen Lichtpunkten der Stadt in der Ferne.
Eine eigentümliche Stimmung breitet sich in ihm aus, die er noch nie gespürt hat. Aufgeregt wechselt er zwischen Sternenhimmel, Lichterstadt und Schneelandschaft hin und her. Pfeffer scheint etwas zu suchen. Etwas, von dem er nicht weiß, ob er es kennt, ob er es einmal besessen und verloren hat. Etwas, von dem er keine Vorstellung besitzt. Ein Gefühl könnte es sein – ein starkes Gefühl, das ihn erfüllen, das er nicht sehen und nicht berechnen kann. Er ahnt nur, dass es ihn völlig einnehmen würde, aufwühlen, vielleicht etwas verändern.
Pfeffer will es finden, was immer es sein mag. Etwas Neues kennenlernen, etwas Neues erfahren. Es muss da draußen sein.

Vielleicht im Glitzern der Schneekristalle, zwischen den Sternen oder im Lichterschein der Stadt. Schwach dringt der Klang von Glocken in den Raum. Der Blick streift weiter über die Silhouette der fernen Stadt. Er kann den hohen Turm einer Kirche erkennen und hält sich daran fest. Allmählich kehrt er wieder in sein Arbeitszimmer zurück. Ganz sachte, aber unaufhaltsam formt sich dieses unbestimmte Gefühl zu Gedanken. Gedanken, die Pfeffer fremd sind, aber immer deutlicher werden – und die er zulässt.

Weihnacht heute

24. Dezember, Heiligabend, 18.30 Uhr. Mit kreischenden Reifen jagt ein Wagen die Autobahnauffahrt hinauf, prescht auf die Fahrbahn und donnert davon in die Nacht. Dreihundert Pferde bäumen sich auf, als Bernd Seiler mit Vollgas in die Nacht hineinrast. Dieser englische Luxuswagen war schon lange sein Traum gewesen und in diesem Jahr hat er ihn endlich verwirklichen können. Bernd Seiler hat es geschafft. Aus fast nichts hat er ein Unternehmen aufgebaut. Durch sein Können, einige geschickte Geschäfte und auch ein paar glückliche Zufälle hat er sich in den letzten Jahren sehr erfolgreich auf dem Markt behauptet. Unter welchen Bedingungen aber. Das wurde ihm in diesen Minuten erst richtig bewusst. Ganz im Stil des New Age war er gerade mit den Vorbereitungen für seine Weihnachtsparty beschäftigt, da brachte die Haushälterin das Telegramm. "Katrin in Lebensgefahr, G." stand da geschrieben. Bernd rannte sofort zum Telefon, bekam keine Verbindung. Es gab nur eins, er muss sofort nach Hause fahren. So wichtig die Party geschäftlich gesehen sein würde, Katrin ist wichtiger. Hilde soll den Otto anrufen, dachte er, der macht das hier schon. Fünf Minuten später rollte der Aston aus der Garage.
Schnell verliert sich die Silhouette der Großstadt im Hintergrund. Die Straße ist trocken und Seiler rast mit wahnsinniger

Geschwindigkeit in das Dunkel vor sich. In anderthalb Stunden könnte er zu Hause sein. Es ist nicht nur das Dunkel der Nacht, in das er hinein fährt. Das Dunkel der Ungewissheit, die vor ihm liegt, macht ihm weit mehr zu schaffen. Plötzlich kommt ihm alles so unsinnig vor. Warum lebt er nicht bei seiner Familie? Wie lange hat er sie schon nicht gesehen? Sogar an Weihnachten gehen ihm das Geschäft und die Firma vor. Er merkt, dass er vieles falsch und ganz bestimmt vieles kaputt gemacht hat. Hoffentlich noch nicht alles. Hoffentlich ist es noch nicht zu spät zur Umkehr. Er liebt sie doch beide so sehr, Gerda und ihre Tochter. In seinem Büro stehen Bilder von ihnen auf dem Schreibtisch. Und jetzt? In irgend einem Krankenhaus kämpfen in diesem Moment wahrscheinlich Ärzte um das junge Leben des Mädchens. Oder ist es ... Nein, diesen Gedanken kann er nicht zu Ende denken. "Katrin in Lebensgefahr, G." Immer wieder tauchen diese Worte vor seinen Augen auf. Alles, was Bernd Seiler vor einer halben Stunde noch wichtig zu sein schien, kommt ihm auf einmal grenzenlos lächerlich vor, er selbst sich auch. Wie eine Karikatur fühlt er sich in seinem Luxuscoupé. Wofür eigentlich alles, wenn Katrin ... Ständig drängt sich diese Vorstellung in sein Denken. Er telefoniert oft mit seiner Frau und seiner Tochter. Aber weiß er denn überhaupt, wie sie wirklich leben, wie ihr Alltag aussieht? Betroffen muss er sich diese Fragen verneinen. Bernd Seiler schämt sich vor sich selbst. Bernd Seiler, der erfolgreiche Geschäftsmann weiß nicht einmal mehr, wie seine Familie lebt. Er musste sich ja unbedingt

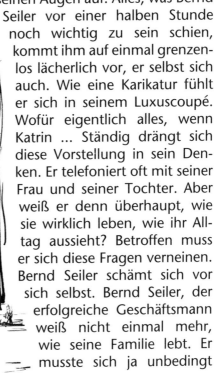

aus geschäftlichen Gründen in der Finanz- und Geschäftsmetropole niederlassen. Zu erst nur drei Tage in der Woche, dann hin und wieder ein Wochenende und nun war er schon beinahe drei Monate nicht zu Hause gewesen. So darf das nicht weitergehen!
Bernd Seiler hat die halsbrecherische Fahrt gut hinter sich gebracht. Er steuert über die Hauptstraße des Dorfes, an dessen anderem Ende das Anwesen seiner Familie liegt. Hier oben im Bergland hat es schon geschneit. Aus den Fenstern der Häuser strömt warmes Licht und auf der Straße begegnet ihm niemand. Sicherlich haben sich die Familien jetzt vor dem Christbaum zur Bescherung versammelt. Man hätte sich freuen können. Zögernd lenkt er den Wagen durch das offen stehende Hoftor. Was wird ihn wohl erwarten?
Im Haus brennt Licht, die Tür ist verriegelt. Auf sein Klopfen schaut eine fremde Frau aus einem der Fenster im Obergeschoss. Sie lässt ihn ein, stellt sich vor und erzählt kurz, was passiert ist. Gleich darauf sitzt Bernd wieder im Auto, unterwegs in die Stadt zur Unfallklinik.
Am und im Krankenhaus spürt man nichts von weihnachtlicher Stimmung. Ein Notarztwagen war eben mit Blaulicht und Martinshorn angekommen und brachte zwei Schwerverletzte. Jeder Handgriff der Retter sitzt. Sekunden später verschwinden die beiden im Aufzug Richtung Operationssaal. Neben einem anderen Operationssaal findet Seiler in einem kleinen Wartezimmer seine Frau Gerda. Sie schildert ihm, wie sich der Unfall ereignet und dass Katrin dabei gefährliche Kopfverletzungen erlitten hat. Dann warten sie, schweigend und angsterfüllt. Bernd nimmt Gerdas Hand in seine. Gern hätte er ihr seine Gedanken mitgeteilt, doch sein Hals ist wie zugeschnürt. Sie warten, bangend und hoffend. Die Zeit scheint stehengeblieben zu sein. Erschrocken zucken beide zusammen, als eine Schwester die Tür öffnet und ihnen sagt, die Operation sei beendet und Professor Alexejew käme in wenigen Minuten zu ihnen. Der Arzt berichtet, dass die Operation zwar schwierig gewesen, aber gut verlaufen sei. Der Schädel des Kindes ist mehrfach gebrochen, so weit er es habe feststellen können, ist das Hirn jedoch unver-

letzt geblieben. Nur müsse man damit rechnen, dass das linke Innenohr beschädigt worden ist. Endgültig könne man das aber erst in ein paar Tagen ermitteln. Man dürfe optimistisch sein. Akute Lebensgefahr bestehe nicht mehr, eine gewisse Sicherheit habe man erst nach zwei bis drei Tagen. Frau Seiler möchte sich noch bei dem Arzt dafür entschuldigen, dass ihm durch das Mädchen am Heiligabend diese Mühe entstanden ist. Professor Alexejew antwortet, dass es gut so sei. "Ich habe den Dienst am Heiligabend gern übernommen. Ich bin Aussiedler und muss dabei nicht an die Familie zu Hause denken", sagt er.
Gelöster und voller Hoffnung auf einen guten Ausgang fahren die Eltern des verunglückten Kindes nach Hause. Gerda sagt, sie habe anrufen wollen, sein Telefon war immer besetzt. Bernd kann darauf nichts antworten. Er hatte noch wichtige Anrufe erledigen müssen. Wichtig – wie lächerlich das jetzt wieder wirkt. Der Anruf von Gerda wäre wichtig gewesen.
Auf der Dorfstraße kommen ihnen Menschen mit frohen Gesichtern entgegen. Die Mitternachtsmesse ist soeben zu Ende. Die Kirche steht an der Hauptstraße. Bernd hält den Wagen gegenüber des Portals an. Die beiden schauen sich in die Augen und steigen aus. Dieser Blick und das wortlose Verstehen wie früher lassen Bernd für einen Moment den Schmerz vergessen und innerlich jubeln. Sie verstehen sich also noch immer und Gerda scheint ihm zu verzeihen. Wie ein ausgelassener Schuljunge möchte er die Treppe zur Kirche hinauf springen. Für ihre Liebe will er Gerda für alle Zeit dankbar sein. Hand in Hand betreten sie die Kirche wie ein Brautpaar. Die Kerzen brennen noch und die Luft riecht nach Weihrauch. Still in Gedanken oder Gebete versunken sitzen noch einige wenige Leute in den Reihen. Das Paar setzt sich in eine Bank. Nach einer Weile der Ruhe und Besinnung sagt Bernd leise: "Danke, Gerda."

Auf dem Weihnachtsmarkt

Das kleine Mädchen zerrte die Mutter ganz aufgeregt am Arm und rief: "Guck mal! Guck mal, Mami! Ist die Puppe schön – die will ich haben!" Die junge Frau betrachtete die Puppe und dachte, dass die Frisur vielleicht ein bisschen zu modern sei. Sie sagte: "Ja, sie ist schön, so eine hast du aber schon." Das Kind blieb beharrlich: "Nein, so eine hab ich nicht. Bitte, Mami, kauf sie mir." "Sie sieht doch genau so aus wie deine Jani. Diese hier hat nur ein Kleid an und Jani einen Anzug."
Die Mutter der Kleinen konnte sich nicht so richtig dafür begeistern, dem Kind den Wunsch zu erfüllen. Sie sah traurig aus, als sie dem Kind erklärte: "Wir wollen doch noch ein Bäumchen kaufen. Wenn wir jetzt die Puppe mitnehmen, habe ich dafür kein Geld mehr." Die Verkäuferin hinter den vielen verlockenden Spielsachen wollte dem Mädchen die Puppe wenigstens einmal in den Arm legen. Aber die Mutter winkte ab: "Es geht wirklich nicht. Komm, Melanie, guck mal, die Tiere da drüben."
Während sie das Kind mit sich zog dachte sie, dass das auch bloß wieder Geld kosten wird. Alles kostet Geld.
Bei den Tieren wollte Melanie natürlich auf dem Esel reiten. Sie durfte ihn aber nur streicheln. "Papa würde mich auf dem Esel reiten lassen!" "Jaja, der kann gut den Weihnachtsmann spielen." Die umstehenden Leute, die diese Worte hörten, spürten, wie viel Verbitterung darin lag. "Komm, wir gehen jetzt ein Bäumchen kaufen."
Die Frau und das Kind waren über den Weihnachtsmarkt gebummelt, hatten geschaut, was es alles gab, hatten eine Zimtwaffel gegessen und die kleine Melanie war auf dem Karussell gefahren – auf einem Pferd natürlich. Es war der letzte Tag des Weihnachtsmarktes, am Vormittag des Heiligabends und die Buden würden gleich schließen. Die Frau hoffte, kurz vor Schluss einen Christbaum vielleicht ein bisschen billiger zu bekommen. Groß war die Auswahl nicht mehr, aber eini-

ge schöne Bäume standen noch da.
"Oh, da ist ein schöner Baum!" rief die kleine Melanie, während ihre Mutter dem Verkäufer erklärte, was sie haben wollte. Und zu ihrem Kind sagte sie: "Der ist doch viel zu groß." Der Verkäufer brachte einen Baum und hielt ihn vor der Frau in die Höhe. "Der sieht gut aus, oder?" Als er ihn in der Hand drehen ließ, sah er aber, dass der Baum ungleichmäßig gewachsen war. "Nein, ist doch nicht so gut." Die Frau deutete mit der Hand auf einen der kleineren Bäume. "Wie wär's denn mit dem dort?" Dem Verkäufer fiel an der ausgestreckten Hand die Vertiefung am Anfang des Ringfingers auf. Vor kurzem musste da wohl noch ein Ring gewesen sein.
Der Blick des Mannes, er war ungefähr im gleichen Alter wie die Frau, folgte der ausgestreckten Hand – in die andere Richtung. Das Haar fiel in kleinen Locken bis auf die Schultern, dunkle Augen, das Gesicht blass. Schön, dachte er, aber ziemlich traurig, das Lachen scheint ihr vergangen zu sein, schade.
"Sie gucken ja gar nicht", sagte die Frau verärgert. "Doch", sagte der Mann. Der Klang seiner Stimme hatte sich verändert. "Ich überlege gerade – wo anders habe ich noch einen wunderschönen Baum stehen, der wäre bestimmt genau der richtige für Sie. Nachher muss ich noch ein paar Christbäume ausfahren, wenn Sie möchten, kann ich Ihnen das Bäumchen nach Hause bringen."

Ohne mich

Was geht mich Weihnachten an, das Fest der Liebe? Nein danke! Vom letzten Jahr habe ich gerade noch genug. Ich mag zwar intensive Erlebnisse, aber das war mir doch zu stark. Das hält an für die nächsten Jahre. Weihnachten werde ich einfach ignorieren. Leicht wird das nicht sein, wenn einem überall, von der Straßenbahn bis ins Pissoir Weihnachtsreklame entgegen springt und die Welt Tag und Nacht mit Weihnachtsgedudel

berieselt wird. Das ist nicht mein Fest, ein Tag wie jeder andere auch. Ich werde tun, wozu ich gerade Lust habe, seit einem Jahr kann ich das schließlich ausgiebig. Freiheit, die ich meine. Als einziges werde ich mir im Radio das Glockenläuten anhören. Es gibt doch kaum einen schöneren Klang, als den von Glocken. Danach werde ich wie sonst auch lesen, Musik hören oder etwas erledigen. Hier liegt ja noch so viel angefangenes herum. Und dazu werde ich etwas Gutes genießen.
So ungefähr hatte ich mir das bevorstehende Weihnachtsfest vorgestellt. Der Heiligabend war ein Samstag. Am Vormittag tätigte ich verschiedene Besorgungen und den Nachmittag verbrachte ich so, wie es mir in den Sinn kam. Alles weihnachtliche ging so ziemlich an mir vorbei und ich war recht zufrieden damit. Für den Abend hatte ich mir eine schöne Musik ausgesucht und lauschte dem Glockenläuten im Radio. Volles Geläut oder einzelne Glocken. Glockenläuten empfinde ich als Botschaft und Meditation gleichermaßen. Den Klang der Glocken nahm ich in mir auf, konnte mich darauf konzentrieren wie schon seit langem auf nichts mehr. Dabei kam mir die Idee, ein Räucherkerzchen anzuzünden. Warum nicht? Räucherkerzchen haben nicht unbedingt nur mit Weihnachten zu tun. Weihrauchduft ist immer angenehm.
Die Sachen für die Weihnachtsdekoration waren in einer großen Kiste untergebracht. Zunächst fand ich einen Räuchermann in Form eines Nachtwächters. Warum ausgerechnet der, überlegte ich kurz, wo doch noch andere da sind? Mit dieser Frage hielt ich mich nicht lange auf, sondern suchte weiter nach den Räucherkerzchen. Ich hob den Deckel einer Schachtel auf, in der ich sie vermutete, und griff im Halbdunkel der Kammer hinein. Scheiße! Dieser Schuhkarton hätte mir heute Abend besser nicht in die Hände fallen sollen. Elektrisierend fühlte ich an meinen Fingerspitzen ein Bündel Briefe und Fotos. Es gab kein Zurück mehr. Ob ich es wollte oder nicht, ich musste den Inhalt der Schachtel auf den Boden ausleeren. Briefe, Bilder, ein Anhänger, verschiedene Kleinigkeiten, alles von ihr. Plötzlich roch ich den Duft ihres Parfüms. Nein! Nein, nein! schreie ich lautlos in mich hinein. Meine Hände sind feucht geworden,

Schweiß steht mir auf der Stirn und ich zittere vor Kälte im Innern. Irgend jemand scheint die Atemluft aus dem Raum zu pumpen. Wie getrieben haste ich aus der Wohnung, eile durch die dunklen Straßen ohne Ziel. Kenne kein Wohin, nur ein Fort. Ich renne über den verlassenen Weihnachtsmarkt, Schneematsch spritzt auf, die Buden glotzen mich blöd an, lachen höhnisch hinter mir her, als ich in eine noch schmalere, noch dunklere Gasse hinein laufe.
Irgendwann betrete ich irgendwo eine Kneipe. Da gibt es Licht, Menschen sind da und es ist warm. Leute stehen an der Theke oder sitzen an den kleinen Tischen. Auf die Frage, ob ich mich dazusetzen dürfe, bekomme ich die erstaunte Antwort: "Setz dich, setz dich, das ist ja dein Platz." Als mir jemand unaufgefordert ein dampfendes, aromatisch duftendes Getränk hinstellt, will ich mich nach dem Wieso und Woher erkundigen. Noch bevor ich die Frage hervorgestammelt habe, höre ich die Antwort: "Frage nicht, du wirst auch nichts gefragt, wer hat, der gibt, wer braucht, der nimmt, bleibe, so lange du willst". In der Gaststube herrscht eine eigenartige Atmosphäre. Die anderen beiden am Tisch unterhalten sich. Gäste kommen herein, setzen oder stellen sich zu jemand dazu oder gehen wortlos hinaus. Dieses Akzeptiertwerden, diese Selbstverständlichkeit des

Dabeiseins irritierten mich. Das war eine mir unbekannte Art, einander zu begegnen. Gern würde ich von mir erzählen, wie ich hier her gekommen bin, in welcher Einsamkeit ich seit letztem Weihnachten lebe. Mein Hals ist jedoch wie eine Sektflasche dicht verpfropft. Nichts dringt nach außen, obwohl es innen gärt. Als ich aufstehe und gehe, sage ich einfach: "Machts gut, danke."
Ich weiß jetzt auch, in welchen Teil der Stadt es mich getrieben hat. In jenen, in den man sonst nicht geht. Wo die Straßenfluchten eng und hoch sind und die Häuser grau, wo das Regenwasser aus kaputten Dachrinnen tropft, immer der Wind einen Laden oder eine Tür klappern lässt, wo jedes Haus zerbrochene Fensterscheiben hat und der letzte Lack von den Rahmen platzt. Dort, wo Lachen und Weinen, Gesang und Geschrei bei einander wohnen.
Mein Weg hat immer noch kein Ziel. Bei der Einmündung der Gasse in einen kleinen Platz bleibe ich stehen. Auf der Treppe vor der Kirche gegenüber haben sich etliche Menschen versammelt. Genau so bunt und farbenfroh wie ihre Kleidung sind die Leute selbst. Sie singen. Frauen und Männer, junge, alte, tiefe, hohe Stimmen lassen ein schwungvolles Lied erklingen. Dabei klatschen sie begeistert mit den Händen im Rhythmus des Gospels. Kräftig, gefühlvoll und stark bringen sie ihn zum Ausdruck. Vielleicht merken sie gar nicht, wie sich ihre Körper im Takt der Melodie bewegen. Plötzlich ruft mir jemand aus der Gruppe heraus zu: "Mensch, komm rüber, hier sind noch mehr!" Gleich formiert sich die Gruppe in meine Richtung, singt und klatscht mir entgegen. Langsam gehe ich Schritt für Schritt auf sie zu. Der Gesang, die Freude der Menschen reißen mich bald mit. Sie nehmen mich auf, holen mich aus mir heraus. Mein verkrampfter Leib und meine verkrampfte Seele lockern sich allmählich. Noch fällt es mir schwer, den Rhythmus mitzuklatschen, mich zu bewegen. Es dauert aber nicht mehr lange, bis ich die Melodie mitsumme und endlich lasse ich mich vom Temperament der anderen mitreißen, denke an nichts mehr, lasse nur meinen Gefühlen freien Lauf. Sie drängen sich geradezu selbst aus mir heraus.

Im Innern des Kirchenraumes haben sich ebenfalls viele Menschen eingefunden. Das sind keine, die die neue Garderobe, den neuen Schmuck ausführen, die anstatt des Gesangbuches die Bedienungsanleitung für das neue Auto in der Tasche stecken haben. Deren Gedanken weilen auch nicht bei ihrem neuen Smartphone oder dem Festtagsschmaus. Sie sitzen nicht stumm auf der Bank und warten, dass der Pfarrer das Zeichen gibt. Sie laufen umher und reden miteinander. So wie der Pfarrer selbst, um den sich mehrere Männer und Frauen geschart haben. Sie unterhalten sich, gestikulieren, lachen. Manche sitzen alleine in Gedanken versunken, betend oder still schauend. Und alle fühlen sich zueinander gehörend. Auch die, die allein abseits im Halbdunkel sitzen, empfinden sich als Teil dieser Gemeinschaft. Viele von ihnen sind nur heute hier, für andere ist das Kirchenschiff aber auch an gewöhnlichen Tagen eine Arche der Zuflucht. Manche teilen oder tauschen etwas von ihrer Habe mit anderen. Ein Mann mit einem kräftigen Bass stimmt ab und zu ein Lied an und meist singen einige Leute mit. Das leise Orgelspiel geht dann auch in diese Melodie über. Kleine Gruppen entstehen und lösen sich wieder auf. Es gibt kein festgelegtes Schema. Auf einmal verstummen die Gespräche. Vom Turm läuten die Glocken und die Orgel lässt jene Melodie erklingen, die in dieser Nacht überall auf der Erde zu hören ist und die meisten Menschen singen mit: Stille Nacht, heilige Nacht.

Vronis Weihnachtskrippe

Jorge bremst den Wagen plötzlich ab. Ohne ersichtlichen Grund lenkt er an den Straßenrand, bleibt stehen und schaltet den Motor aus.
"Was ist denn, Auto kaputt?" fragt Janica und als er nicht antwortet, sondern nur stumm auf das Marterl starrt, das ein paar Schritte vor dem Wagen in der Wiese steht: "Ist dir nicht gut, Jorge, bist du krank?"
"Nein – nein", antwortet er abwesend mit tonloser Stimme.
Ruckartig öffnet er die Fahrertür und steigt aus. Ein Auto, das eben überholen will, muss nach links ausweichen und hupt. Jorge achtet nicht darauf und läuft zu dem Marterl hin. Unter zwei breiten Brettern, die ein Dach bilden, hängt der Gekreuzigte, der Wind hat Schnee darüber geweht. Mit der Hand wischt Jorge den Schnee von der Tafel am unteren Rand und liest. In ein dickes Holzbrett wurde der Name Vroni hinein geschnitzt und darunter Zahlen. Hinter einem Sternchen steht die Zahl 21.05.93 und hinter einem Kreuzchen 04.12.06.
Jorge dreht sich um und schaut zum Dorf hinauf. "Genau wie damals", spricht er leise vor sich hin. Dann klopft er den Schnee von den Schuhen und setzt sich wieder ins Auto, schweigt. Sein Blick wandert unruhig zu dem Marterl, auf der Gegenfahrbahn bis zu der Bergkuppe und die schmale Straße zum Dorf hinauf, die hier in die Bundesstraße einmündet. Am Anfang des Dorfes sieht er einen Bauernhof.
Wir haben in Bregenz das Jubiläum der Schiffer-Gilde gefeiert, Monika und ich fahren weiter ins Allgäu. Auf einem Bioland-Ferienhof wollen wir einige Urlaubstage verbringen, einfach ausruhen, wandern und das schöne Wetter genießen. Seppl erklärt

uns gleich lautstark, dass er der Herr auf dem Hof ist. Aber nachdem der junge Berner Sennenhund uns ausgiebig beschnuppert und auch das Gepäck kontrolliert hat, schließt er mit uns Freundschaft. Zu unserem Zimmer steigen wir eine knarrende Stiege hinauf und fühlen uns bei offenem Fenster, in der herrlichen Ruhe und der guten, frischen Gebirgsluft richtig wohl.

Weil das Wetter immer noch so schön ist, wollen wir am nächsten Morgen eine längere Wanderung durch den Wald, am Kalten Brunnen und am Rosenmoor vorbei ins Österreichische hinüber unternehmen. Als wir zum Frühstückszimmer hinunter gehen, entdecken wir neben dem Geländer auf einem kleinen Tisch eine Weihnachtskrippe. Sie ist schlicht und schön, nur aus natürlichen Materialien hergestellt. Das Gebälk des Stalles besteht aus Haselnussästen, die Giebelbalken kreuzen sich am First, das Dach wurde aus Stroh und Laub, die Figuren aus Holz und Pappe gefertigt. "Ob das so sein soll oder ist das Krippchen noch nicht fertig?" fragen wir uns. Eine Dachhälfte ist noch offen, die Figuren sind nicht vollzählig und um den Stall herum soll wohl noch eine Landschaft angelegt werden. Auf einem kleinen Schildchen lesen wir: "Von Vroni 2006".

Nach dem Frühstück unterhält sich Monika mit Maria, der Bäuerin, ich bin schon draußen beim Seppl. Monika deutet auf ein gerahmtes Foto an der Wand, das die Bäuerin mit zwei Mädchen zeigt: "Sind das Ihre Kinder?"

"Ja", sagt Maria und zeigt auf das kleinere Mädchen, "das ist die Simone und das die Vroni, die Kleine, die Franzi war damals noch nicht auf der Welt." Nach einer kurzen Pause sagt sie leiser, den Blick immer noch auf das Foto gerichtet: "Und die Vroni ist's nicht mehr." Monika ermuntert die Wirtin, zu erzählen. Maria setzt sich zu ihr an den Tisch und erzählt die Geschichte von Vroni, wie sie mit der Trauer fertig wird, von der Selbsthilfegruppe und dass ihr Mann sie ziemlich allein lässt damit, dass er auf seine eigene Weise um die Tochter trauert. Ich bin wieder in die Stube gekommen und habe mich zu den Frauen gesetzt, der Sennenhund liegt neben meinem Stuhl. Deutlich ist zu spüren, wie gut es der Frau tut, über alles reden zu können. Außer in der Selbsthilfegruppe scheint ihr das nicht oft möglich zu

sein. "Aber das Reden tut doch gut", sagt sie selbst.
Janica betrachtet Jorge von der Seite, kann nur warten, er schweigt noch immer. Sein Atem geht stockend, er hat feuchte Augen bekommen und richtet den Blick jetzt starr auf den Straßenrand. Dort sieht er zwei Mädchen stehen, eine in einem blauen Anorak und blauer Mütze, die andere mit grüner Jacke und roter Mütze. Die eine hat braune Locken, die andere langes blondes Haar. Rechts und links der Straße liegt Schnee, in der Mitte auch ein schmaler Streifen. Jorge hat seinen Transporter angehalten und winkt den Mädchen, dass sie über die Straße gehen können. In dem Moment, als die Kinder loslaufen, kommt über die Bergkuppe ein Geländewagen heran gerast. "Halt!" ruft Jorge und springt aus dem Auto. Der Fahrer des Jeeps macht eine Vollbremsung, kommt ins schlingern. Eins der Mädchen ist auf dem schmalen Schneestreifen in der Mitte der Straße ausgerutscht, strauchelt, wird von dem Geländewagen erfasst und gegen den Transporter geschleudert, ein dumpfer, harter Aufschlag. Der Jeep rutscht in den Straßengraben, der Fahrer rührt sich nicht von der Stelle. Das Mädchen, das die andere Seite der Straße erreicht hat, schreit hell auf: "Vroni!" Sie rennt zur Freundin, die wie leblos auf dem Boden liegt, kniet neben ihr hin, kann nur weinen und den Namen der Freundin schreien: "Vroni! Vroni!" Ihr Gesicht ist vor Schrecken und Hilflosigkeit verzerrt, die Augen weit geöffnet.
Plötzlich springt sie auf, rennt fort, die schmale Straße zum Dorf hinauf, laut weinend und immer wieder den Namen der Freundin schreiend. Als sie sich dem ersten Bauernhof nähert, ruft sie laut: "Frau Haflinger, kommen Sie, die Vroni - Hilfe! Schnell, kommen Sie!" So stürzt sie ins Haus der Haflingers.
"Ja Karin, was ist denn?" fragt die Bäuerin. Doch als sie das Entsetzen und die Angst in dem tränennassen Gesicht des Mädchens sieht, lässt sie den Korb mit Kartoffeln fallen und rennt aus dem Haus, den Weg hinunter zur Landstraße, in Hausschuhen und Schürze wie sie gerade ist.
Der Fahrer des Geländewagens rührt sich immer noch nicht aus seinem Sitz. Jorge hat den Rettungsdienst gerufen und kniet neben dem Kind auf dem kalten Asphalt. Er hat seinen Pullover

ausgezogen und ganz vorsichtig unter den Kopf des Mädchens geschoben. Es liegt regungslos auf der Seite, die Mütze und eine Stofftasche einige Meter daneben. Frau Haflinger stürzt neben ihrer Tochter auf den Boden, ruft weinend ihren Namen, zerrt sie am Arm, der seltsam locker nachgibt. "Vroni, mein Kind, wach auf, komm, es wird doch alles gut, Vroni!" ruft sie wieder und wieder unter Tränen. Plötzlich richtet sie sich auf, stößt mit beiden Händen nach Jorge: "Mörder! Lassen Sie mein Kind in Ruhe! Weg! Sie haben mein Kind umgebracht." Ihre Stimme überschlägt sich und erstickt in Tränen. Jorge rückt ein Stück zur Seite ohne aufzustehen, kann vor Entsetzen kein Wort sagen, nicht einmal weinen.

Vroni liegt reglos auf der Straße, kein Lebenszeichen ist erkennbar. Langsam färbt sich ihr blondes Haar von innen her rot. Vroni erlangt das Bewusstsein nicht wieder, ihr junges Leben erlischt. Sie wollte aus dem Wald gegenüber Äste und Moos, Laub und Eicheln für ihr Weihnachtskrippchen holen.

Reste von Schnee

Sonne
Knospen küssen
zarte Blüten
erwachen
wieder neu –

wieder neu
wieder sein
wieder leben
wieder schön
wieder du –

Ein Telegramm

Franz Steinhauer klopft den Schnee von den Stiefeln und öffnet die Tür. "Komm, Mieze, schnell hinein", sagt er und die Katze läuft auch gleich in das Vorhaus. Sie schüttelt sich, Wassertropfen stieben aus ihrem Fell und mit den Tatzen drückt sie die Tür zur Wohnung auf. Steinhauer zieht die nassen Stiefel aus und folgt der Katze. Auch er schüttelt sich und reibt die Hände an einander. Drinnen ist es mollig warm. In der Diele nimmt er einige große Holzscheite vom Stapel und wirft sie in den Ofen. "So, Mieze, jetzt machen wir es uns schön gemütlich in der warmen Stube. Heut ist Heiligabend und du bekommst auch ein Geschenk. Das wird dir aber schmecken, das weiß ich. Ich hör dich ja jetzt schon schmatzen." Die große gefleckte Katze liegt auf dem Boden in der Nähe des Kachelofens und leckt sich die Nassen Pfoten, versucht, gefrorene Schneeklumpen zwischen den Ballen heraus zu beißen.
Steinhauer geht in die Küche, da hört er in seinem Amtszimmer den Telegraphen ticken. Er ist der Posthalter im Dorf und der einzige, der solch ein Gerät besitzt. Noch nicht einmal oben im Schloss gibt es eins und der Doktor hat auch keins. Der Dienst geht natürlich vor. Die Heiligabendgemütlichkeit muss er verschieben, da gibt es nichts zu rütteln. Wenn der Telegraph rattert, ist es meist ein Telegramm, das er dann auch gleich zu seinem Empfänger bringen muss. Er liest den Namen des Absenders, des Empfängers und den Text, die Übertragung ist einwandfrei.
"Der Katze muss ich aber erst noch ihr Futter geben", sagt er zu sich und holt aus der Speisekammer eine große Schüssel voller Fleischstückchen. "Na, guck mal Mieze, ist das was?" damit stellt er das Futter vor die Katze hin. "Ich muss noch einmal hinaus gehen", sagt der Postmeister. Und als die Katze zu ihm aufblickt: "Nein, du nicht, du kannst es dir schon gemütlich machen, bleib nur hier."
Das Telegramm steckt er in die Innentasche seiner Jacke. Draußen schnallt er sich die Skier an die dicken Filzstiefel und zieht das Hoftor hinter sich zu. Es schneit immer noch so stark und

dazu ist nun noch ein heftiger Wind aufgekommen. "Der kalte böhmische Wind", murmelt er vor sich hin und zieht die Mütze bis dicht über die Augen herunter.
Steinhauer läuft auf den Skiern die verschneite Dorfstraße entlang. Die Spuren des Pferdeschlittens, der erst vor wenigen Minuten vorbei gekommen ist, sind schon wieder zugeschneit und verweht. Mattes Licht scheint aus vielen Fenstern der Häuser und aus den Schornsteinen steigt Rauch in den dämmrigen Himmel. Bald wird es dunkel sein. Niemand ist mehr draußen. Nur bei einem kleinen Bauernhof dringen noch Geräusche aus dem Stall. Die Häuser vorn an der Straße halten den kalten Wind ein wenig ab, im freien Gelände zerrt er an der Kleidung des Mannes und treibt ihm den Schnee ins Gesicht. Die Straße steigt stetig leicht an. Jetzt muss der Postmeister in den Weg zum Schloss einbiegen, der sich bald den Berg hinauf windet. Vorher überquert er noch die Brücke.
In einer Kurve am halben Berg bleibt Steinhauer stehen und schaut über das Dorf. Viel kann er durch das Schneegestöber nicht sehen, nur hier und da einen Lichtschein oder den Rauch aus einem Schornstein. Er kennt das Dorf und seine Menschen genau, weiß, wer in welchem Haus und auf welchem Hof wohnt und kennt auch die Schicksale der Familien. Er selbst ist hier zur Welt gekommen und aufgewachsen. Neben der Posthalterei baut er sich Kartoffeln, Gemüse und Obst an. Mancher Bauer gibt ihm ab und zu einen geschlachteten Hasen, Schmalz oder eine Wurst. Von seinem kargen Postgehalt könnte er kaum leben. An eine eigene Familie war gar nicht zu denken. Die Eltern hatten eine kleine Landwirtschaft und haben ihm Haus und Hof hinterlassen. Sein Bruder ist schon als Halbwüchsiger bei einem Unwetter ums Leben gekommen.
Es ist schon Nacht, als er das Schloss erreicht. Am Eingang zum Park brennt eine Laterne, das Tor steht offen, könnte in dem hohen Schnee auch nicht mehr bewegt werden. Die unteren Fenster des Schlosses sind alle erhellt. Bei der Seitentür zieht der Postmeister an der Glocke, schnallt die Skier ab und lehnt sie an die Wand. "Ich habe ein Telegramm für die Frau Gräfin, Bruno, ich sollte es ihr persönlich überreichen", sagt er dem Mann, der

die Tür öffnet. "Komm rein, Franz, die gnädige Frau ist im großen Salon", sagt der Bedienstete und geht voran. Drinnen ist es warm. Steinhauer knöpft seine Joppe auf und vergewissert sich, dass das Telegramm noch in der Tasche steckt. Es hätte auch gar nicht verloren gehen können, denn er hat die Innentasche sorgfältig zugeknöpft.
"Oh, der Herr Postmeister, Sie sind heute Abend noch unterwegs?" empfängt ihn die Gräfin. "Der Dienst, gnädige Frau, auch am Heiligabend, ein Telegramm für Sie, bitte sehr." Mit einer leichten Verbeugung überreicht er der Schlossherrin das Kuvert.
Ein Telegramm, heute Abend, hoffentlich nichts Schlimmes, denkt sie und öffnet den Umschlag. Der Postmeister steht daneben und schaut sich in dem festlich geschmückten Raum um, die Gräfin hat ihn noch nicht entlassen. Ihr Gesicht ist blass, angespannt, die Hände zittern ein wenig. Unwillkürlich muss sie daran denken wie es war, als sie seinerzeit die Nachricht vom Jagdunfall des Grafen erhielt. Bis sie zu ihm kommen konnte, war er seiner Verwundung schon erlegen. Der einzige Sohn versieht seinen Dienst in der königlichen Residenz.
Beim lesen des Telegramms entspannt sich das Gesicht der Gräfin aber schnell, die Wangen röten sich und ihre Augen bekommen einen freudigen Glanz. "Das ist eine gute Nachricht!" ruft die Gräfin aus und zum Postmeister sagt sie: "Speisen Sie heute Abend mit uns, ich lade Sie ein." Doch der Postmeister antwortet: "Zu gütig, gnädige Frau, verbindlichsten Dank für die Einladung, aber ich würde doch gern, wenn Sie erlauben –" "Dann kommen Sie morgen zum Mittagessen. Mein Sohn kommt, er freut sich bestimmt sehr, Sie zu sehen." "Ich auch, herzlich gern, vielen Dank, ich wünsche der Frau Gräfin eine frohe, gesegnete Weihnacht", antwortet der Postmeister und die Gräfin ruft: "Die habe ich schon!" Sie verabschiedet den Postmeister mit einem festen Händedruck. Seitdem sie die Güter selbst verwaltet weiß sie einen festen, ehrlich gemeinten Handschlag mehr zu schätzen als einen oberflächlich hingehauchten Handkuss.
In der Küche bekommt der Postmeister ein ordentliches Paket mit Brot, Schinken und Speck in einen Sack gesteckt, dann

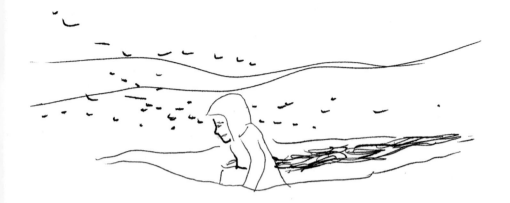

macht er sich auf den Heimweg. Der Wind hat nachgelassen, aber es schneit noch immer. Auf seinen Skiern gleitet er rasch durch die Nacht den Berg hinunter, nimmt eine Abkürzung und erreicht bald die Brücke. Franz Steinhauer freut sich auf seine gemütliche warme Stube und auf das gute Essen. "Ja, das wird ein richtig schöner Heiligabend", sagt er zu sich selbst.
Weiter unten auf der Dorfstraße sieht Steinhauer etwas dunkles, kann aber durch die Schneeflocken hindurch noch nicht erkennen, was es ist. Es bewegt sich auf und nieder, hin und her. Ein Wild, überleg er, oder ein ausgebrochenes Tier aus einem Stall? Nur ganz schwaches Mondlicht dringt durch die Wolkendecke. Er gibt sich mit den Skistöcken einen kräftigen Schwung und mit langen Schritten kommt er rasch näher heran. Nun erkennt er, dass es ein Mensch ist. Hinter der Person sieht er noch etwas kleineres. Steinhauer stößt sich mit den Stöcken noch einmal kraftvoll ab und bringt sich bei der Person zum stehen. Sie ist gerade wieder hingefallen und richtet sich mühsam auf. Sie ist zu Fuß ohne Skier oder Schneeschuhe unterwegs, versinkt immer wieder im tiefen Schnee oder rutscht aus. Er sieht, dass es eine Frau ist, und als sie wieder steht, erkennt er trotz der Finsternis das Gesicht, das zwischen einer tief in die Stirn gezogenen Wollmütze und einem dicken Schal verzweifelt heraus schaut.
"Grete, bist das du? Bist du die Bleier-Grete?" spricht er die Frau an. "Ja, ich bin's", antwortet sie und Steinhauer hört deut-

lich, wie erschöpft sie ist. "Franz? Bist du der Franz?" fragt die Frau zurück. "Ja – wo willst du denn hin?" "Nach Hause, wenn ich's noch schaffe, sonst komm ich eben auf den Kirchhof, ich kann nicht mehr." Tränen rinnen der Frau aus den Augen und gefrieren auf ihrem Schal zu weißen Eisperlen. Auf ihrer Mütze und am unteren Rand des Mantels ist Schnee angefroren, an den Röcken darunter auch. Sie friert, die Gelenke sind steif und schmerzen und ihre kalten Füße spürt sie kaum noch.
Die Bleier-Grete ist die Hebamme im Dorf und oft genug muss sie auch bis ins Nachbardorf laufen. Sie wohnt allein in einem kleinen Haus fast am unteren Ende des Dorfes. Ihr Mann war Steiger und ist schon lange gestorben. Sie konnte ihm mit ihren Kräutern und Tropfen nicht helfen. Kinder hatten sie keine.
Steinhauer überlegt nicht lange. "Du schaffst es nicht mehr bis nach Hause, ich nehme dich mit zu mir." Trotz ihrer Schwäche wehrt die Hebamme ab. "Das geht nicht, das gibt Gerede." Steinhauer bleibt gelassen: "Dann sage ich den Leuten, dass meine Katze Junge gekriegt hätte. Wenn du weitergehst bleibst du irgendwo liegen und erfrierst. Setz dich auf den Schlitten, ich zieh dich, der hat breite Kufen, das geht schon. Bis zu mir ist es nicht mehr weit." Kraftlos wie die Frau ist, folgt sie der Weisung des Postmeisters. Auf dem Schlitten hat sie die Tasche mit ihren Utensilien festgebunden. Die nimmt sie auf den Schoß und hält sich fest. Der Schlitten sinkt nur wenig in den Schnee ein und Steinhauer zieht an. Langsam nähern sich die beiden einsamen Menschen auf der verschneiten Dorfstraße dem Hof des Posthalters. Es ist tiefe Nacht, in vielen Häusern brennt noch Licht, trotzdem ist kein Laut zu hören, nur ab und zu das Rauschen des Windes. Bald werden sich die Familien auf den Weg zur Christmette machen. Immer noch zögernd geht die Hebamme mit ins Haus.
Drinnen in der Stube ist es wohlig warm. Die Uhr tickt und die Katze liegt auf der Ofenbank, das gute Heiligabendfutter hat sie schon aufgegessen. Sie gähnt und betrachtet die Frau. Steinhauer hilft der Hebamme aus dem nassen, schweren Mantel und hängt ihn zusammen mit dem Schal über die Stange am Kachelofen. Die Mütze und die gefrorenen Handschuhe legt er

daneben. Vergeblich versucht die Bleier-Grete nun, mit ihren kalten, klammen Fingern, die hohen Schuhe aufzuschnüren. Steinhauer hilft und zieht sie ihr vorsichtig von den Füßen. Zusammen mit den nassen Strümpfen stellt er sie zum Trocknen an den Ofen. Er rückt einen Stuhl heran und sagt: "Setz dich hier her und leg die Füße auf die Ofenbank, damit sie warm und trocken werden." Die Frau tut, was ihr geheißen wird und er legt noch einige Scheite Holz auf das Feuer.
Der Postmeister packt das Brot, den Speck und den Schinken aus. "So reich bin ich heute beschenkt worden, da können wir es uns jetzt gut gehen lassen." Die Frau spürt, wie die Wärme des heißen Tees durch ihren Körper in sämtliche Glieder zieht. Langsam kehren ihre Lebensgeister zurück und sie bekommt auch schon wieder ein bisschen Farbe im Gesicht. "Mein Gott, so ein Schneesturm da oben auf dem Berg", beginnt sie zu reden, "ich konnte doch nicht bleiben. Bei einem Bauern hätte ich gesagt 'lass mich am Ofen sitzen oder im Heu schlafen', aber doch nicht bei Häuslern. Das achte Kind haben sie gekriegt - heute, am Heiligabend."

Ein Christkind

"Opa ist blöd!" ruft Dominik, nachdem die Mutter die Autotür geschlossen hat und den Wagen startet.
"Der ist richtig blöd", ruft er noch einmal und schlägt mit der Faust auf seinen Rucksack, "ich habe mir doch ein Handy gewünscht! Aber er schenkt mir ein Buch mit Tierspuren und will mit mir Fährten suchen gehen, wenn Schnee liegt!"
"Mit mir will Opa einen Schneemann bauen, das finde ich toll", sagt seine Schwester auf der anderen Seite der Rücksitzbank, "und Oma will mir zeigen, wie man ein Deckchen stickt. In dem Buch hier, das sie mir geschenkt hat, steht alles drin und schöne Bilder sind da auch drin. Das finde ich wirklich ganz toll."
"Soll ich im Wald rumlaufen und Spuren suchen? Ich kenne die

Viecher doch sowieso nicht. Hätte er mir das Handy geschenkt, könnte ich sie im Internet angucken."

"Im Internet – ich glaub du spinnst, Dom! Wie willst du denn mit dem Handy im Internet sehen, wie ein Elefant aussieht oder ein Eisbär."

"Ha, ha, ha, du bist genau so doof, Anja, gibt es bei uns vielleicht Elefanten und Eisbären im Wald?"

"Na klar gibt es die, als ich mit der Klasse im Zoo war, habe ich welche gesehen. Du warst ja noch nicht einmal im Zoo und außerdem hast du bloß Angst, in den Wald zu gehen, dich könnte ja eine Ameise beißen! Weißt du überhaupt, wie eine Ameise aussieht, Dom?"

"Das interessiert mich ja gar nicht – Papa, kriege ich mein Handy noch? Nachher bei der Bescherung krieg ich es, ja?" ruft Dominik nach vorn.

Der Vater dreht sich um. "Sag mal Dom, hast du eigentlich ein Weihnachtsgeschenk für Oma und Opa gehabt?"

"Was soll ich denen denn schenken? Die sind schon so alt und brauchen gar nichts mehr", verteidigt er sich. In Wirklichkeit hat Dominik natürlich vergessen, den Großeltern ein Weihnachtsgeschenk mitzubringen. "Anja hat doch eins gehabt."

"Das war aber Anjas Geschenk für Oma und Opa, oder?" erinnert Papa den Sohn.

"Na und? Die ist ja schon zehn und ich bin erst neun – wann ist denn Bescherung?" Anja sagt nichts mehr dazu. Sie sitzt in ihrer Ecke und blättert zufrie-

den in dem Buch mit den schönen Stickmustern. Die Mutter konzentriert sich aufs Autofahren. Seit dem Vormittag schneit es und sie fahren durch eine schöne Winterlandschaft. Wenn es so bleibt, können wir in einer knappen Stunde in der Stadt sein, überlegt sie. Eigentlich wollte Lisa Weihnachten schon gerne mal bei den Eltern verbringen, aber Frank wollte lieber zu Hause sein. Ein bisschen Weihnachten vom Land haben sie ja dabei. Der gerade erst geschlagene Tannenbaum im Laderaum verbreitet im ganzen Auto seinen frischen, harzigen Duft.
Je weiter sie sich der Stadt nähern, um so mehr geht der Schnee in Regen über. Nasser Schneematsch liegt auf der Straße, Lisa fährt langsamer und denkt, dass sie nun eben länger brauchen werden. "Nein! Pass auf!" schreien Frank und Lisa gleichzeitig. Lisa bringt den Wagen zum Stehen, schaltet die Warnblinker ein, Frank springt aus dem Auto. "Oh Gott, muss das sein?" sagt Lisa leise vor sich hin und während sie ebenfalls aussteigt, ruft sie den Kindern zu: "Ihr bleibt bitte sitzen!"
Der Wagen vor ihnen ist plötzlich ins Schleudern geraten und frontal gegen einen Baum neben der Straße geprallt. Das sieht nicht gut aus, denkt Frank und öffnet die Fahrertür. Sie klemmt, er muss kräftig ziehen, schafft es aber doch. Eine junge Frau liegt über dem Lenkrad, weint und schreit "Mein Kind – mein Baby!" Dabei wird sie von heftigen Weinkrämpfen geschüttelt. "Hilfe! Das Baby, mein Baby!"
Auch das noch, denkt Frank, wo ist es denn? Er sieht nirgends ein Kind in dem verunglückten Auto, schaut in den Fußraum und auf den Boden hinter den Sitzen, es ist kein Kind zu sehen. Frank geht routiniert vor, hat den Motorraum im Blick aus dem es dampft und zieht erst einmal den Zündschlüssel ab. Die Frau beruhigt sich einigermaßen, als Frank ihr sagt, dass er von Beruf Rettungssanitäter ist. Er legt ihr beruhigend die Hand auf die Schulter und fragt, ob sie Schmerzen habe, da sieht er auch, wo das Kind ist, die Frau ist hoch schwanger. Sie sagt, sie habe Wehen und wollte ins Krankenhaus fahren. Nachdem Frank telefoniert hat, sagt er ihr, dass der Notarzt in wenigen Minuten da sein wird und versucht, sie weiter zu beruhigen und abzulenken. "Wo wohnen Sie denn, in welches Krankenhaus wollten Sie denn fahren." Von

weitem hört er schon das Signal des Rettungswagens und fragt noch, ob er jemanden anrufen soll. "Nein, wen denn?" antwortet die Frau und weint wieder heftiger.
Nachdem der Notarzt bei der Frau keine Verletzungen erkennen kann, wird sie sofort ins Krankenhaus gebracht. Durch den Unfall könnte die Geburt des Kindes beschleunigt oder verzögert werden. Frank geht zu Lisa. Die hat inzwischen die Unfallstelle gesichert, das Warndreieck aufgestellt und die Autos vorbei gewunken. Nur sehr wenige Autofahrer haben gefragt, ob sie helfen können. Jetzt merkt Frank auch, dass er den Schlüssel des Unfallautos in seiner Jackentasche stecken hat. Er schaut sich das Auto noch einmal an und entdeckt die Reisetasche der Frau. Die nimmt er an sich und verschließt die Türen. Das Auto selbst steht abseits der Fahrbahn und kann erst einmal so bleiben.
Später als geplant ist die Familie nun zu Hause angekommen. Der Vater stellt den Christbaum auf, Lisa und die Kinder schmücken ihn schön, er macht inzwischen das vorbereitete Abendessen fertig und deckt den Tisch.
Später, die Familie hat gemeinsam einen stimmungsvollen Weihnachtsabend erlebt und die Kinder sind im Bett, fragt Lisa: "Was meinst du Frank, sollen wir nicht aufs Land hinaus ziehen, schon wegen der Kinder? Unsere Wohnung ist ja schön, aber im neunten Stock und ringsum nur Hochhäuser und Straßen – auf dem Land könnten sie wenigstens vor die Tür gehen und das bessere Klima tut uns allen bestimmt gut."
Frank füllt die Gläser noch einmal, nimmt Lisas Hand und schaut sie an: "Du, da habe ich auch schon drüber nachgedacht, das hätte sicher viele Vorteile. Die gute Luft, die Ruhe, die Natur, die Kinder müssten sich die Tiere nicht im Zoo anschauen, zumindest nicht die heimischen. Wenn du willst, soll das unser großes Vorhaben fürs neue Jahr sein."
"Ja, packen wir's an", sagt Lisa, "das wird bestimmt schön sein. Die Stadt hat ja schon ihre Vorteile, aber auf Dauer möchte ich hier nicht wohnen. Wir haben ja Zeit, nächstes Jahr bekommen wir auch das Geld vom Bausparvertrag. Weißt du noch als wir uns kennen gelernt haben, Frank, als du mich zum ersten Mal zu Hause besucht hast?"

"Oh ja, das weiß ich noch genau. Ich bin mit dem Roller zu dir raus gefahren und musste ganz schön suchen. Und als wir dann zum ersten Mal im Wald spazieren waren, völlig ungewohnt für mich, so viel Natur um uns herum."
Lisa lächelt Frank verschmitzt an: "Und aus der Schonung ist inzwischen auch schon ein Wald geworden."
Am nächsten Tag, dem ersten Weihnachtstag, fährt Frank ins Krankenhaus und bringt der verunglückten Frau ihre Sachen. Die Kinder sind mit ihren Weihnachtsgeschenken beschäftigt und Lisa vertieft sich in ein Buch. Frank kommt zurück. Von der Wohnungstür her ruft er: "Frohe Weihnachten, das Christkind ist da!"
Die Kinder, vor allem Dominik, horchen auf. Das Christkind? Das bedeutet Geschenke. Der Vater hält etwas im Arm, aber hinter ihm stehen nicht wie vermutet Tante und Onkel, sondern die Frau von dem Unfall.
Frank legt das Bündel in einen Sessel. "Hier ist es, ein richtiges Christkind, es ist gestern zur Welt gekommen."
Die Kinder betrachten neugierig das winzige Baby.
"So klein waren wir auch einmal", sagt Anja nachdenklich.
"Ich nicht! Ich war so groß", protestiert Dominik und zeigt mit den Armen ungefähr die Hälfte seiner jetzigen Größe. "Ja, mindestens", gibt Anja zurück.
"Entschuldige bitte, Lisa, der Arzt wollte die Mutter aus dem Krankenhaus entlassen, weil ja alles in Ordnung ist. Und weil sie hier niemanden hat, habe ich sie über die Feiertage zu uns eingeladen." Frank braucht sich für seinen spontanen Einfall nicht zu entschuldigen, Lisa meint: "Weihnachten hat doch etwas mit einem neugeborenen Kind zu tun, oder nicht?"

Die Peremett

Der Lammer-Karl hat wieder den Küchentisch vor das Fenster gerückt. Ein kalter Wind pfeift um das Haus und lässt die Schindeln klappern, Schnee wird es bald geben. Hinter ihm knackt und hohlert das Feuer im Herd und auf der Ofenplatte dampft ein Topf mit Kartoffeln.
Ein glatt gestrichener Bogen Packpapier liegt ausgebreitet auf dem Tisch und darauf ein Lineal, ein Bleistift und ein Zirkel. Der Lammer steht nach vorn gebeugt vor dem Tisch und betrachtet aufmerksam die Zeichnungen, misst an verschiedenen Stellen noch einmal nach und überprüft die Berechnungen. Die Maße und Proportionen stimmen, die Abstände der Kerzenhalter übereinander sind auch in Ordnung, so müsste es gut sein. Dann stellt er auf einer alten Papiertüte eine Liste aller Teile zusammen, die er nun anfertigen muss.
Die Böhmer-Haid aus Augustusburg hat beim Lammer-Karl im oberen Erzgebirge eine Weihnachtspyramide bestellt. Fünf Stockwerke soll sie haben und zwölf Kerzen. Ob es denn wirklich so eine große sein soll, hat er sie gefragt, die wird doch auch teuer. "So etwas kauft man sich nur einmal im Leben und das Geld dafür habe ich mir schon zusammengespart", hat die Böhmer-Haid geantwortet. Damit waren sich die beiden einig. "Gute drei Wochen werde ich aber schon brauchen, ist ja alles Handarbeit."
Geeignetes Holz hat er im Schuppen und so kann sich der Lammer-Karl gleich an die Arbeit machen. Er sägt und bohrt, raspelt und schleift, drechselt, schnitzt, probiert, fügt zusammen und am Schluss wird alles schön angemalt.
Vor dem Anmalen hat der Lammer-Karl einen Probelauf gemacht. Er hat die Tischplatte ganz plan ausgerichtet, auf der die Pyramide steht und zwölf Kerzenstummel in die Halter gesteckt. Nachdem er die Stellung der Flügel etwas verändert hat, beginnt die Pyramide zum ersten Mal langsam sich zu drehen. Sie dreht sich gleichmäßig rund, Achse und Lager sind also genau im Lot. "Ja, so ist es gut", der Meister ist zufrieden.
Die Pyramide ist wunderschön, strahlt etwas Großes, Feierliches

aus. Sie ist mit Krone über einen Meter hoch und das Flügelrad misst einen halben Meter Durchmesser. Die fünf Etagen sind sechseckig und werden jeweils von sechs gedrechselten und beschnitzten Säulen getragen. Aus den Platten der einzelnen Etagen hat er die runden Teller ausgesägt und an einer durchgehenden Achse befestigt. Zwischen den Säulen auf jedem Stockwerk bilden jeweils zwei gedrechselte Stempel und eine Querstange eine Art Geländer. Die ganze Pyramide ist weiß angestrichen, die Geländer blau und braun, die Flügel blau. An drei Ecken der unteren vier Stockwerke werden außen die Tüllen für die Lichter eingeschraubt.

Dann steht die Peremett endlich in der guten Stube. Advent, draußen schneit es schon seit zwei Tagen ununterbrochen und der Ofen strahlt wohlige Wärme ab. Voller Stolz und Freude betrachtet die Böhmer-Haid das gute Stück und auch ihr Mann, der Bruno, lässt sich davon anstecken. "So schön ist sie geworden", schwärmt die Haid. Die Figuren hat sie in Augustusburg gekauft. Sie sind aus Gips geformt und bemalt. Es kommt schon einer feierlichen Handlung gleich, als die Böhmer-Haid die zerbrechlichen Figuren vorsichtig aus der Schachtel mit dem Seidenpapier nimmt und auf die Bühnen der einzelnen Etagen stellt.

Auf der untersten Etage wird die Geburt Christi dargestellt. Der Engel verkündet die göttliche Botschaft und Maria und Josef stehen an der Krippe mit dem Jesus-Kind. Ochs und Esel sind auch dabei und ein Hirte mit seinen Schafen. Die heiligen drei Könige kommen gerade, um dem Gotteskind zu huldigen.

Auf der Bühne des zweiten Stockwerks ist die heilige Familie auf der Flucht. Josef geht mit seinem Wanderstab voran, Maria reitet mit dem kleinen Jesus auf dem Esel und drei bewaffnete römische Krieger verfolgen sie.

Die dritte Etage zeigt ein Erzgebirgsmotiv. Zwischen grünen Bäumen stehen Hirsche, darunter auch ein stattlicher Zehnender. Hinter einem Baum legt ein Jäger die Flinte an.

Dicht beieinander, die Drehbühnen werden ja immer kleiner, stehen auf der vierten Etage vier Engel und verkünden mit Posaunen das frohe Ereignis. Darüber, in der fünften und kleinsten

Etage, hängen drei Glocken, die silberhell erklingen, wenn die Pyramide sich dreht.

Jedes Jahr vom ersten Advent bis Hohneujahr, das ist der Dreikönigstag, steht die Peremett in der guten Stube auf einem kleinen Tisch. Drum herum entsteht nach und nach ein Paradiesgarten. Hinter einem Gartenzaun tummeln sich exotische Tiere und jedes Jahr stellt die Böhmer-Haid ein neues Tier oder ein Bäumchen dazu. Und jedes Jahr verschönt die Peremett die Weihnachtszeit. Jedes Jahr erfreuen sich Haid und Bruno, nach und nach ihre fünf Kinder und Besuch aus der Verwandtschaft am Glanz der Lichter und dem hellen Klang der Glöckchen.

Viele Jahre und Jahrzehnte bleibt das so. Selbst in Zeiten großer Not und während zweier Weltkriege mit der Trauer um liebe Menschen wärmt das Licht der Peremett die Herzen. Erinnert daran, dass es der heiligen Familie seinerzeit auch nicht besser ging, dass den Menschen aber Hoffnung und Zuversicht niemand nehmen kann. Viele Blicke ruhen in all diesen Jahren auf der Pyramide und ihren Figuren, teilen Dankbarkeit für Gutes mit oder suchen Trost und Hilfe.

So wie die Familie gewachsen ist, so verkleinert sie sich auch wieder, zumindest räumlich. In Wirklichkeit wächst sie weiter. Zwei der Kinder leben mit ihren Familien in West- und Süddeutschland, eine Tochter im unteren Erzgebirge. Mutter und Vater Böhmer haben ihre helle Freude daran, wie die Enkelkinder die Peremett bestaunen und sehen auch noch, wie sich die Lichter ihrer schönen Weihnachtspyramide in den Augen der Urenkel spiegeln. Für Haid und Bruno erlischt der weihnachtliche Lichterglanz in den fünfziger und sechziger Jahren.

Die Tochter Marlene setzt die Tradition mit der Peremett fort und gesellt noch mehrere wunderschöne, teils geschnitzte Engelskapellen dazu. So entsteht in der kleinen Wohnung in Augustusburg eine richtige erzgebirgische Weihnachtsstube.

Eigene Kinder hat Marlene nicht, ihr Mann starb kurz nach der Hochzeit im Krieg in Norwegen. Um so mehr freut sie sich, wenn die Kinder der Nichten aus Euba und Einsiedel zu Besuch kommen. Im Winter, wenn sie mit der Drahtseilbahn von Erdmannsdorf aus nach Augustusburg hinauf fahren, ist es den Kindern, als ob sie in ein verzaubertes Weihnachtsland führen. Die Bahn fährt durch den dick verschneiten Wald und an der großen Wiese entlang, auf der Kinder und Erwachsene viel Spaß beim Skifahren und Rodeln haben. Je höher sie kommen, um so geheimnisvoller erscheint den Kindern alles. Eine frohe, erwartungsvolle Stimmung erfasst sie und sie freuen sich auf den Lichterglanz und Räucherkerzlduft in der guten Stube von Tante Lene. Ihre Erwartungen werden nicht enttäuscht, denn dazu gibt es noch leckere Bratäpfel, Lebkuchen und die berühmten Augustusburger Pfeffernüsse.

In den 1970er Jahren schenkt Marlene die Peremett der Familie ihrer Nichte Luzia in Einsiedel. Aus dieser Zeit ist recht wenig bekannt darüber, wie die Pyramide die Weihnachtszeit in der Stube mit dem hohen Kachelofen verschönt. Der Paradiesgarten ist aber nicht mehr dabei. Die Kinder von Luzia und Maurus sind auch schon erwachsen und der Sohn wohnt in der Stadt.

Inzwischen dürfen Besucher aus der Bundesrepublik mit dem Auto in die DDR einreisen. Das kommt mir sehr zugute, als ich wieder einmal zu Besuch bei den Großeltern bin. Luzia, die Nichte von Marlene, ist deren ältere Tochter und meine Tante. Wie üblich wenn ich zu Besuch komme, betrachte ich erst einmal die vertrauten und lieb gewonnenen Dinge in der Wohnung der Großeltern. Nur das schöne alte Röhrenradio, ein Mende, kann ich nirgends entdecken. "Den alten Kasten hab ich auf den Schutt gehauen", erklärt mir der Großvater. Ich hätte das Radio gern mitgenommen, wenn er keine Verwendung mehr dafür hat. Da der Großvater das wusste, bin ich enttäuscht und traurig.

Doch eine Art Entschädigung bekomme ich von Tante Luzia und Onkel Maurus. Sie schenken mir die Peremett mit samt der Figuren, die noch von der Böhmer-Haid stammen. "Nimm sie mit, wenn sie dir so gut gefällt", sagt der Onkel. Meine Freude ist riesig. Ich bin ja einer der Urenkel von Haid und Bruno und verbinde schöne Erinnerungen mit der alten Weihnachtspyramide und den Besuchen in Augustusburg.

Seit dem verschönt sie alljährlich in der Weihnachtszeit unser Wohnzimmer. Gemeinsam mit all den anderen traditionellen Holzfiguren, Leuchtern und Engelskapellen, dem Duft von Tannengrün und Räucherkerzchen verbreitet sie eine schöne erzgebirgische Weihnachtsstimmung. Leckeres Gebäck, Lebkuchen und, so lange Marlene noch lebt, gehören natürlich die guten Pfeffernüsse aus Augustusburg dazu.

Eine Generalüberholung ist fällig und beschäftigt mich einen ganzen Sommer lang. Behutsam zerlege ich die Peremett, schmirgle die einzelnen Teile ab, repariere was beschädigt ist, baue sie wieder zusammen und male sie originalgetreu an. Die schöne alte Weihnachtspyramide erstrahlt wieder in neuem Glanz. Die Kerzen verbreiten ihr warmes Licht und die Glöckchen klingen hell.

"Warum ist die Peremett bloß so schwer zum Laufen zu bringen?" Diese Frage bereitet mir noch mehrere Jahre lang Kopfzerbrechen. Zwölf Kerzen reichen doch für eine Pyramide dieser Größe aus. Mit der Wasserwaage richten wir sie genau aus, stellen sie an andere Plätze, versetzen die Figuren und verändern die Winkel der Flügel. Manchmal dreht sie sich ganz leicht, aber wenn sie nicht will, geht eben gar nichts. Ich erinnere mich, dass Maurus seinerzeit schon von diesen Schwierigkeiten gesprochen hat.

Der Kalender an der Wand zeigt das Jahr 2000 und nach vielen Jahren Unterbrechung bin ich wieder einmal in der alten Heimat. Den Holzer-Georg will ich aufsuchen, er betreibt eine Werkstatt für erzgebirgische Holzkunst. Vielleicht hat er passende Flügel für die Peremett, ich würde sie nämlich gern einmal erneuern. Seine Tochter Anita , wir sind zusammen in die Schule gegangen, besorgt mir welche. Aber wie bekomme ich das neue Flügelrad auf die Achse? Die Krone ist jetzt ganz anders geformt als die alte.

Mehrere Jahre sind vergangen, ich bin wieder einmal in Einsiedel und erzähle Anita von der eigenwilligen Laufkultur der guten alten Peremett. "Das könnte am Lager liegen, in dem sich die Achse dreht. Ein feiner Riss kann solche Probleme verursachen", meint sie. Das klingt plausibel und so nehme ich ein neues Lager mit nach Hause.

Das Brettchen unter dem Boden der Pyramide, in dem das Keramiklager sitzt, muss ich umarbeiten, damit das neue hinein passt. Dann richte ich meine Drechselbank her, die ich seit zwanzig Jahren nicht mehr benutzt habe, schärfe die Werkzeuge und fertige eine Art Verbindungsstück für das neue Flügelrad an. Das liegt nämlich immer noch unbenutzt im Karton.

"Wenn die Peremett jetzt wieder nicht läuft, ist sie eben nur noch Dekoration", beschließe ich, als wir am ersten Advent dem guten alten Brauch folgend die beiden Kisten mit den "Manneln" aus dem Keller holen, um die Wohnung weihnachtlich zu schmücken.

Es ist schon Abend geworden und ich bereite in der Küche eine kleine Brotzeit vor. Da höre ich Monika aufgeregt aus dem Wohnzimmer rufen: "Schnell, Stephan, komm mal her, schnell!" Oje, was ist denn passiert, die Kerzen? ist mein erster Gedanke und ich eile ins Wohnzimmer. Wegen der Katze brauche ich ausnahmsweise einmal nicht aufzupassen, die hat es sich längst in einem der leeren Kartons bequem gemacht. Monika ergreift meine Hand. "Sie dreht sich", sagt sie leise aber mit freudigem Nachdruck in der Stimme, "sie dreht sich!" Alle Figuren stehen an ihrem Platz und es brennen gerade erst drei Kerzen – die gute alte Peremett dreht sich langsam und die Glöckchen klingen silberhell. Wie zwei Kinder in freudigem, stillem Erwarten der Bescherung stehen wir da und schauen. Die Peremett dreht sich und meine Augen glänzen vor Freude.

Die Weihnachtsgans

"Die Gans ist weg! Wer zum Teufel hat die Stalltür offen gelassen?!" Die Frau kommt wütend ins Haus gerannt, ihre Stimme bebt und überschlägt sich beinahe vor Zorn. "Willy, Markus! Wer von euch war im Stall und hat die Tür nicht zu gemacht?" ruft sie. Willy, ihr Mann, kommt die Kellertreppe herauf und klopft sich den Staub von der Hose. "Niemand war im Stall", sagt er ruhig, "ich arbeite in der Werkstatt an Markus' Weihnachtsgeschenk und der ist heute Morgen mit seinem Freund Thomas zum Schlitten fahren gegangen, das weißt du doch. Was ist denn los?" "Was ist denn los! Die Stalltür steht offen und die Gans ist weg! Wie oft soll ich es noch sagen. Wir haben an Weihnachten nichts zu essen! Zieh dich an und schau, ob du sie findest. Oder hast du sie schon geschlachtet? Wo ist sie denn?" Die Frau kann sich nicht beruhigen und läuft energisch in die Küche.
Widerwillig zieht Willy Jacke und Stiefel an, setzt sich die Mütze auf und geht hinaus. Mit seinen Gedanken ist er aber noch bei der Vorbereitung der Holzplatte für die Modelleisenbahn, die der Sohn als Weihnachtsgeschenk bekommt. Die Gleise und die Landschaft soll er dann selbst aufbauen.
Die Tür zum Stall steht noch offen. Willy betrachtet das Schloss, schließt die Tür, rüttelt daran und öffnet sie wieder. Alles ist in Ordnung, kein Schaden erkennbar. Dann sucht er im Stall nach der Gans, geht um das Haus herum und schaut auch in der kleinen Scheune, wo die Geräte stehen. Die Gans kann er nirgends entdecken. In der Nacht hat es wieder geschneit, keine Spur einer Gans oder eines anderen Tieres ist zu sehen und keine Fußabdrücke eines Menschen. Nur im Hof sieht Willy seine eigenen Fußspuren, die seiner Frau Helga und die von Markus, dazu die Spuren, die die Kufen des Schlittens in den frischen Schnee gedrückt haben. Auf der Straße schaut er nach rechts und links, nichts ist von der Gans zu sehen. Der Nachbar ist draußen beim Schnee schippen. "'n Tag Konrad. Du, unsere Gans ist weg, hast du zufällig was gesehen?" Konrad und seine Partnerin kommen aus Sachsen und haben das Haus der alten

Wurzer-Frieda gekauft, die ins Altenheim gezogen ist. "Nee Willy, tut mr leid, ich hab nüscht gesehn. Haste schon ieberall geguckt?" Er lehnt die Schippe an den Zaun und kommt herüber. "Soll 'ch dr suchen helfen? Eier Kleener is heit Morgn mit 'm Schlitten fort, sonst habsch nüscht gesehn." Willy ist ratlos. "Danke Konrad, ich habe keine Ahnung, wo wir suchen könnten. Die Helga ist schon auf 180 - na ja, vielleicht eher 280."
Abseits des Dorfes an einem Hügel am Waldrand liegt der Hof des alten Meier-Josef. Er und seine Grete bauen aber nur noch das Futter für ihre Schützlinge an und machen das Heu. Oft kommen junge Leute, die Landwirte werden wollen und helfen ihnen bei der Arbeit. "Hier ist ein Alten- und Pflegeheim - für Tiere", sagt er verschmitzt, wenn Wanderer auf den Hof kommen, die ihn nicht kennen. Verletzte oder kranke Tiere aller Art pflegt er wieder gesund. Wenn sie nicht mehr gesund werden können oder schon sehr alt sind, dürfen die Tiere bei ihm in Frieden sterben.
"Jetzt lass das mal, wenn du die Salbe ableckst kann sie dir doch nicht helfen." Josef bestreicht die Bisswunde eines jungen Hundes mit einer Salbe aus Fett, Ringelblumensaft und Arnika. Salben

und Öle stellt Grete aus Wildkräutern selbst her. Sie behandeln damit die Wunden und Krankheiten der Tiere. Verbandsmaterial bekommt Josef vom Apotheker umsonst aus abgelaufenen Erste-Hilfe-Kästen. Der Hund, den er gerade behandelt, wurde ihm erst gestern gebracht. Er war von einem anderen Hund gebissen worden und niemand wusste, wem er gehört. "Solltest wohl ein Weihnachtsgeschenk werden und jetzt wollen sie nichts mehr von dir wissen – das kennen wir schon. Warte nur, ich finde bestimmt einen guten Platz für dich."
Die Tür wird vorsichtig geöffnet und ein kleiner Junge tritt ein. "Josef, bist du da?" fragt er. "Ja, hier – ah, du bist es. Willst du mal wieder nach den Tieren schauen? Du warst schon lange nicht hier." Der Junge schaut sich um. "Was hast du denn alles für Tiere?" Der verletzte Hund läuft unsicher humpelnd auf den Jungen zu und wedelt mit dem Schwanz. "Das ist der Flecki", sagt Josef, der vor einer Minute selbst noch nicht wusste, dass der Hund so heißt, "in zwei Wochen kann er wieder rennen." "Ist denn das Wildschwein noch da?" will der Junge wissen. "Ja, ich wollte es schon frei lassen, aber es ist zurück gekommen. Bin gespannt, ob es dich noch kennt, du hast es immer so schön mit der Flasche gefüttert." Ein Jäger hatte das kleine Wildschweinchen zum Josef gebracht. Die Muttersau musste er erschießen, weil sie von einem Auto angefahren worden war und schwer verwundet am Straßenrand lag. "Kannst du den Eimer tragen?" Sie gehen in einen anderen Raum, wo in einer Box ein Pferd auf einem Lager aus Stroh und Heu liegt. Das Pferd ist sehr mager, sein Fell ganz grau, es bewegt die Hinterbeine, als wolle es aufstehen. "Bleib nur liegen, Harras, brauchst dich nicht anzustrengen." Der Alte und das Kind sehen, dass das Pferd schon Mühe hat, den Kopf zu heben. Josef hält ihm den Eimer mit dem Hafer hin. "Wird es sterben?" fragt der Junge. "Ja", antwortet der Bauer, "seit einer Woche liegt es nur noch und isst kaum noch etwas. Ein paar Tage, höchstens eine Woche wird es noch leben."
Der Junge hat sich neben das Pferd auf das Stroh gesetzt und krault ihm die Ohren. "Du, Josef," beginnt er schüchtern und ein bisschen verlegen, "wenn dir jemand eine Gans bringt,

würdest du sie bei dir verstecken, damit sie nicht geschlachtet und gegessen wird?" Der alte Mann schaut den Jungen eine Weile schweigend an. Auf dem Gesicht und in den Augen des Kindes sieht er Angst, Zuversicht und Hoffnung, fragend und bittend. "Wo hast du sie denn?" Er hat die Frage noch nicht zu Ende gesprochen, da springt der Junge auf, rennt zum Tor hinaus und zerrt seinen Schlitten herein. Er hat einen Weidenkorb darauf festgebunden und in dem Korb bewegt sich etwas.
"Mann, wie hast du das denn fertig gekriegt?" Josef öffnet den Deckel des Korbes, eine Gans streckt den Kopf in die Höhe und schnattert aufgeregt. Er hebt sie heraus und setzt sie auf den Boden. Die Gans läuft herum, schnattert und schlägt mit den Flügeln. "Ja, was machen wir denn mit dir?" sagt der Josef, "du sollst doch ein Weihnachtsbraten werden." Markus springt auf den Mann zu, klammert sich an seine Jacke und ruft: "Nein, nein, kein Weihnachtsbraten! Bitte nicht! Ich hab sie doch so lieb und sie mag mich auch, wir haben doch zusammen gespielt." Schluchzend und weinend bricht die Angst um das Tier aus dem Jungen heraus. Er kniet sich auf den Boden neben der Gans und streichelt ihr sachte über die schönen weißen Federn. "Schnatter, mein Schnatterchen", sagt er leise immer noch weinend.
Der alte Bauer beugt sich zu Markus hinunter und legt ihm seine rauhe Hand auf die Schulter. "Komm, ist ja gut, deine Gans kann erst einmal hier bleiben. Wir müssen es nur deinen Eltern sagen, schließlich ist morgen Weihnachten." Dann holt er Kartoffeln und Äpfel, ein Glas eingelegte Kirschen, ein Töpfchen Honig und sogar eine Schüssel vom selbst gemachten Sauerkraut. Das verstaut er in Markus' Weidenkorb und hebt ihn samt Schlitten in den Laderaum seines Transporters. "So, jetzt wollen wir deinen Eltern mal eine frohe Weihnacht wünschen."

Weihnacht im Gebirge

Vor vielen Jahren, als es noch keine Reisewellen und keinen Massentourismus gab, wollten wir Weihnachten schon einmal ganz anders feiern. Wir fuhren ins Gebirge und fanden einen kleinen Gasthof. Heiligabend. Mit Beginn der Dämmerung brachen wir zu einer Skiwanderung durch den weihnachtlichen Winterwald auf. Still lag das Dorf im Tal. Schornsteine rauchten, Licht drang aus den Fenstern und über den Dächern spürten wir eine weihnachtlich freudige Stimmung. In der Nähe des Waldes kam uns der Wildhüter mit dem Pferdeschlitten entgegen. Wir wünschten uns eine gesegnete Weihnacht und nachdem das fröhliche Klingeln der Glöckchen am Zaumzeug der Pferde verklungen war, umgab uns tiefe Stille.
Prächtig und friedvoll nahm die Natur die beiden einsamen Wanderer auf, die sich im Herzen eins mit ihr fühlten. Majestätisch der Hochwald, wie ein riesiger Dom. Schweigend, schauend, staunend wanderten wir durch das winterliche Paradies. Dabei vergaßen wir alles und merkten nicht, wie sich die Nacht um uns herum ausbreitete. Merkten nicht, dass inzwischen Wolken aufgezogen waren und das Rauschen in den Wipfeln immer stärker wurde. Und dann tobte ein Schneesturm um uns herum, wie wir noch keinen erlebt hatten. Bäume knarrten. Beim Überqueren einer Lichtung riss der Sturm an den Kleidern, pfiff, heulte, peitschte uns eisige Schneekristalle ins Gesicht. Wir kamen kaum noch voran, konnten kaum atmen. Es war unmöglich, sich an irgend etwas zu orientieren, wir hatten Angst, uns zu verlieren.
Jenseits der Lichtung stießen wir geradewegs auf eine mannshohe Fichtenschonung. Jetzt hatten wir also den Weg verloren. Bei diesem Schneesturm und der Finsternis erschien uns der Versuch, irgendwie weiter zu kommen oder umzukehren, völlig sinnlos. Wohin? Also schnallten wir die Skier ab, steckten sie senkrecht in den tiefen Schnee und krochen unter die Bäume. Aneinander geklammert kauerten wir dort wie zwei Kaninchen im dichten Unterholz. Immerhin waren wir vor dem Unwetter einigermaßen geschützt und konnten abwarten. Keine Angst,

aber ein recht beklemmendes Gefühl erfasste uns. So anders hatten wir uns den Heiligabend nun doch nicht vorgestellt.
Glockenläuten. Ganz aus der Nähe drang der helle Klang einer Glocke durch den Sturm. Gleich standen wir auf den Skiern und tasteten uns mit den Stecken vorwärts. Stimmt die Richtung überhaupt? Weiter, vorwärts! Die Glocke verstummte, nur Nacht und das Peitschen und Brausen des Sturmes. Plötzlich schimmerte ein Licht durch das Schneetreiben. Welche Freude und Erleichterung!
Ein alter Mann in dunkler Mönchskutte lässt uns in seine Kapelle ein. Er begrüßt uns, als hätte er auf uns gewartet, und deutet auf eine kleine, grob gezimmerte Bank. Die Kapelle besteht aus einem kleinen Raum. Die spärliche Einrichtung ist aus rohem Holz hergestellt. Die Bank, ein Schemel, auf dem der Mönch Platz nimmt. An der Wand gegenüber der Tür hängt ein schlichtes Holzkreuz, darunter ein Tisch als Altar und ein Gebetsbänkchen. In einer Ecke steht ein Schrein. Auf dem Altar liegt aufgeschlagen die Bibel, rechts und links davon stehen Leuchter und ein Heiligenbild. Die Kerzen in den Leuchtern auf dem Altar und in den Haltern an der Wand geben ein angenehmes warmes Licht. Das Licht, welches uns hier her geführt hat.
Der Mann betet, auch wir falten die Hände. Dann spielt er auf seiner Flöte eine Melodie, eine eingehende, ausdrucksstarke Weise. Am Altar stehend liest er mit ruhigen, betonten Worten die Weihnachtsgeschichte. Gemeinsam singen wir ein Lied. Danach herrscht andächtige Stille in der kleinen Kapelle. Drei Menschen vertiefen sich in ihre Gedanken. Sehr leise, beinahe unbemerkt beginnt der Eremit wieder auf der Flöte zu spielen. Wir reichen uns die Hände, wünschen einander eine frohe Weihnacht und jeder versinkt noch einmal in seine Gedanken oder in ein Gebet.
Nachdem der Mönch eine Laterne angezündet und die Kerzen ausgelöscht hatte, verließen wir die Kapelle. Er forderte uns auf, ihm zu folgen. Der Schneesturm tobte immer noch. Während der Andacht hatten wir gar nicht darauf geachtet. Wir traten in einen Stall ein und erkannten im Schein der Laterne mehrere Tiere. Sie erhielten eine Hand voll Futter und uns führte er

durch eine Tür in seinen Wohnraum. Dieser Raum enthielt alles, was der Eremit brauchte. Er war Wohn- und Schlafstätte, Küche und Arbeitsraum in einem. Neben den wenigen Möbeln und Gerätschaften fiel ein Regal mit vielen Büchern besonders auf. Alles zeugte von einem einfachen, bescheidenem Leben, nur die Bücher verrieten ein reges Interesse nach außen.
Bei einem wohltuenden heißen Getränk unterhielten wir uns

noch lange über Jesus Christus. Der Mönch konnte so lebendig und anschaulich von ihm erzählen, als unterhielten wir uns über einen guten, gemeinsamen Bekannten. Ist Jesus Christus das nicht? Ein guter Bekannter, ein Freund von uns allen? Voller Begeisterung sprach der Mönch über das Leben und die Lehre Christi. Vieles wurde uns klar, was wir bisher so noch nicht erkannt hatten. Besonders deutlich stellte er den Bezug der christlichen Weltanschauung zur Gegenwart dar. Auch wenn Christus seine Lehre vor mehr als 2000 Jahren verkündet und gelebt hat, behält sie ihre Gültigkeit. Nach seinem Gebot leben, das sei jedermanns Verpflichtung. Nicht nur in Gedanken, sondern täglich in unseren Worten und Taten. Jesus Christus will unser Vorbild sein. Er lehrt uns, die Proben des Lebens zu bestehen, mit Verständnis und überlegt nach seinen Geboten zu handeln. Die Worte des Mannes berührten uns im Innersten. Zeigten sie uns doch, wie auch heute nach christlichen Grundsätzen gelebt werden kann. So war das Weihnachtsfest nun doch ein ganz anderes geworden. Wir hatten den Geburtstag von Jesus Christus gefeiert.